Andrea Newerla

Das Ende des Romantikdiktats

Andrea Newerla

DAS ENDE DES ROMANTIK DIKTATS

Warum wir Nähe, Beziehungen und Liebe neu denken sollten

KÖSEL

Wenn wir uns aber an den utopischen Wunsch
erinnern, der hinter dem normalen Intimleben steht,
dann wollen wir uns auch daran erinnern,
dass wir nicht mit ihm verheiratet sind.

Lauren Berlant und Michael Warner[1]

Inhalt

10 VORWORT
Let's talk about … Intimacy

18 KAPITEL 1
All you need is … Ja was denn?

23 Alles Liebe? Woraus besteht unsere Beziehungswelt?

32 Nur Romantik zählt!

38 Wir sind uns nah – auch jenseits des Romantikdiktats

48 KAPITEL 2
Ist die zauberhafte Welt der Liebe am Ende?

53 Zauberberge des Glücks: Die Erfindung der romantischen Liebe

62 Es ist nicht alles Gold, was glänzt! Warum romantische Beziehungen heute scheitern

72 Was bleibt uns vom Zauber der romantischen Liebe?

86 KAPITEL 3
Stecken wir in einer Intimitätskrise?

89 Digitale Suchmaschinen

99 Was kann Onlinedating?

109 Im Labyrinth der Möglichkeiten

118 KAPITEL 4
Wenn Grenzen brüchig werden: Der große Wandel unserer intimen Beziehungen

121 Das Spiel mit dem Glück – wie wir heute was suchen

129 Unklare Verhältnisse und unsichere Beziehungen?

137 In der Grauzone: Sex mit Freund*innen

150 KAPITEL 5
Das Ende des Romantikdiktats: Wie wir neue Verbindungen knüpfen

155 Die Frage aller Fragen: Wie wollen wir *zusammen* leben?

163 Nähe, wem Nähe gebührt: Freundschaften ins Zentrum unseres Lebens holen

172 Bauen wir die Welt, wie sie uns gefällt

182 UND ZUM SCHLUSS
Auf dem Weg zu postromantischen Verhältnissen

191 Dank
193 Quellen und Anmerkungen

VORWORT

Let's talk about … Intimacy

Eine Straßenkreuzung in London: Der Buchhändler William stolpert in die Arme von Anna – eine bekannte Schauspielerin. Ungeschickterweise schüttet er ihr dabei seinen Orangensaft über die Bluse. Anna ist zunächst offensichtlich erschrocken und auch ein wenig wütend über dieses Missgeschick, William bietet ihr aber sofort an, sie könne das bei ihm zu Hause sauber machen, schließlich wohne er gleich ums Eck. Sie nimmt das charmante Angebot an, macht sich frisch und verlässt die Wohnung nach ein paar flüchtigen Worten schnell wieder – nur um kurze Zeit später zurückzukehren, da sie ihre Einkäufe vergessen hat. Es kommt zu einem erneuten verlegenen Verabschiedungsmoment, bei dem sich die beiden wortlos im Flur gegenüberstehen und einander tief in die Augen blicken. Und dann geschieht etwas Unerwartetes: Anna tritt einen Schritt näher und küsst William.

Diese schicksalhafte Zufallsbegegnung, die hier in Szene gesetzt wird, ist der Beginn einer großen Liebesgeschichte, die vermutlich vielen von uns bekannt ist, denn sie stammt aus dem erfolgreichen Liebesfilm *Notting Hill* mit Julia Roberts und Hugh Grant aus dem Jahr 1999. Und wie viele Liebesfilme ›made in Hollywood‹ hat auch diese Geschichte ein Happy End: Den Höhen und Tiefen des Kennenlernens zum Trotz endet der Film mit einem Blick auf die Traumhochzeit der beiden unsterblich Verliebten und ein paar anschließenden hochromantischen Schnappschüssen der gemeinsamen Zukunft: Die beiden sitzen happy auf einer Parkbank, Julia ist schwanger und schaut hochzufrieden in die Ferne, während Hugh erfüllt in ein Buch vertieft zu sein scheint. Dazu romantische Musik. Ende gut, alles gut. Könnte es nicht auch so schön einfach im wahren Leben sein?

Es ist nicht verwunderlich, dass es Szenen wie diese sind, die – fast automatisiert – in unseren Köpfen ablaufen, wenn wir selbst verliebt sind. Sie lassen uns fantasieren, wie es idealerweise sein wird mit dem Menschen, für den wir auf einmal ganz besondere Gefühle entwickelt haben. Da fliegen uns Schmetterlinge im Bauch umher, begleitet von romantischen Bildern. Diese kennen wir, seit wir klein sind, und sie wurden uns bereits unzählige Male erzählt. Es sind Geschichten von der großen Liebe, wie sie William und Anna im Film erleben: Erst der tiefe Blick, dann der alles verändernde Kuss – und fast wie von selbst folgen weitere Schritte, die schließlich in der Hochzeit münden, in der Gründung einer Familie und dem sprichwörtlichen Glück ›bis ans Ende ihrer Tage‹. Die entsprechenden Drehbuchanweisungen dafür kommen aus der uns nicht immer bewussten Regie: Klappe die Erste, »True Love« in fünf, vier, drei, zwei, eins, und los geht es mit unserem ganz persönlichen Liebesfilm. Gemeinsam schwingen wir uns ein in die fabelhafte Welt der romantischen Liebe.

Den Wenigsten von uns ist bewusst, dass das Skript, dem unsere Liebesgeschichten folgen, bereits feststeht und seit Jahrhunderten ungefähr gleich abläuft: Verliebt, verlobt, verheiratet – oder moderner: daten, crushen, verlieben, zusammenziehen, Kinder kriegen, Familie werden. Vielleicht auch heiraten oder ein Haus bauen, muss aber mittlerweile häufig auch nicht mehr unbedingt sein. Es ist ein wunderschönes Skript, geradezu ein Diktat, welches uns da immer wieder von Neuem vorgelesen wird und welches wir jedes Mal mit neuer Leidenschaft mitschreiben. Sind wir nicht am Schreiben, sehnen wir uns regelrecht danach, sie endlich wieder aufschreiben zu dürfen, unsere Liebes*geschichte* – vielleicht schaffen wir es diesmal ohne Fehler. Oder ohne dass uns die Tinte auf halber Strecke ausgeht.

Geschichten wie die von William und Anna, die von der Schönheit und Leichtigkeit der romantischen Liebe erzählen, haben nach wie vor eine enorme Strahlkraft – mehr noch: sie entfalten einen Sog, dem wir uns kaum entziehen können. Dabei sieht die bittere Realität unseres intimen Zusammenlebens eher so aus: Seit Jahrzehnten sinkt die Anzahl an Heiratswilligen, zugleich steigt die Scheidungsrate, Ein-Personen-Haushalte nehmen stetig zu, und wo wir hinsehen, stemmen alleinerziehende Mütter und Väter ihren Alltag mit Kindern, leben Senior*innen allein und vereinsamen, sind Singles frustriert und überfordert von einem schier unendlichen Angebot auf dem Datingmarkt bei gleichzeitiger Unverfügbarkeit von tatsächlichen Dating Partner*innen. Das ist deshalb bitter, weil sich die meisten von uns etwas ganz anderes wünschen: Nämlich eingebunden sein in nahe Beziehungen, die uns stützen, die Halt geben und in denen wir uns geborgen und geliebt fühlen – und das auf Dauer.

Viele Menschen sind heute an einem Punkt, an dem sie enttäuscht feststellen: So wie es uns immer erzählt wurde und wie wir es uns oft erträumt haben, ist es einfach nicht. Unser persönliches Liebesglück ist oftmals nicht von Dauer, und häufig machen wir Trennungserfahrungen, die schneller kommen als gedacht. Etliche suchen ihr Glück dann eben woanders: nächste Beziehung – und der Liebeszauber geht von vorne los. Im Gepäck ist die Hoffnung, dass das mit dem Glück diesmal endlich klappen wird. Vielleicht fragt sich manch eine*r von uns in den Momenten des Übergangs – also zwischen der einen und der nächsten Liebesbeziehung –, was wohl zum Scheitern geführt haben könnte. Sind wir der Nähe nicht gewachsen gewesen? Wollten wir zu viel oder zu wenig? Müssen wir vielleicht einsehen, dass wir zunächst an uns selbst arbeiten müssen, um es beim nächsten Versuch besser machen zu können? Oder sind wir womöglich alle beziehungsunfähig geworden? Vielleicht haben einige aus den schmerzhaften Erfahrungen gelernt und sind persönlich gewachsen. Irgendwann muss es doch mal klappen mit dem ganz persönlichen Liebesglück.

Wonach wir in diesen Momenten nicht fragen, ist die soziale Beschaffenheit unserer romantischen Träume, Sehnsüchte und Wünsche – und unseres permanenten Scheiterns. Wir fragen nicht, warum in unseren Köpfen immer wieder die Filme mit den schönen, romantischen Skripten ablaufen, die uns unsere persönlichen Liebesgeschichten *vorzuschreiben* scheinen. Wir fragen nicht, warum diese Geschichten so wirkmächtig sind und wir uns keine anderen Sehnsuchtsorte ersinnen wollen als romantische. Wir fragen nicht, warum wir kaum andere Vorstellungen von einem glücklichen und zufriedenen Zusammenleben haben als die der romantischen Liebesbeziehung und der im besten Fall daraus erwachsenden Kleinfamilie. Wir fragen nicht ganz grundsätzlich nach den Regeln, Funktionen und Normen unserer persönlichen Liebesgeschichten. Es ist fast so, als würden wir uns nicht trauen, da genauer hinzuschauen. Vielleicht weil wir dann erkennen – oder sagen wir: anerkennen – würden, wie viel Gesellschaft in unseren Schlafzimmern steckt.

Und genau hier möchte dieses Buch ansetzen. Gemeinsam werden wir herausarbeiten, wie eng unsere persönlichen und sehr nahen Beziehungen sowie unsere Vorstellungen von Intimität, Beziehungen und Liebe geprägt sind durch die Gesellschaft, in der wir leben – und sie sind nicht nur geprägt durch unsere gegenwärtige Gesellschaft und Kultur, sondern auch durch die vergangene. Die Krisen, die viele von uns in ihren Liebesbeziehungen, Ehen und Familien erleben und die heute zu vielen Brüchen und Zerwürfnissen führen, sind eng verbunden mit gesellschaftlichen Mechanismen, Regeln, Strukturen und Normen. Über diese Verwobenheiten von Intimität und Gesellschaft sprechen wir allerdings kaum, mehr noch: Sie sind uns oft nicht einmal bewusst.

Dabei wäre es überaus hilfreich, würden wir anfangen, über diese Dinge nachzudenken und zu sprechen – auch außerhalb unserer Schlafzimmer und fernab des Privaten. Dann würden wir erkennen, dass wir nicht allein sind mit den Herausforderungen in Sachen Liebe, dass viele ähnliche Nähe-, Beziehungs- und Liebeskrisen erleben, dass wir es hier mit Mustern zu tun haben, die sich wiederholen. Wir würden erkennen, dass romantische Beziehungen als diejenige Form des Zusammenlebens, die wir als ganz normal wahrnehmen, Ergebnis historisch-gesellschaftlicher Prozesse sind. Prozesse, die zeigen, dass unsere nahen Beziehungen nicht »schon immer« auf der Vorstellung der romantischen Liebe basierten, sondern sich im Laufe der Zeit verändert haben und dies auch in Zukunft weiter tun werden.

Ich bin überzeugt davon, dass in all diesen Erkenntnissen ein großes Potenzial schlummert, welches wir kaum nutzen. Denn wenn es so ist, dass wir als Menschen unser intimes Leben selbst herstellen, dass es sich stetig gewandelt hat und weiterhin wandeln wird, dann bedeutet das auch, dass wir es auch heute *aktiv* gestalten können. Und wir können es auch *anders* gestalten. Möglicherweise begegnen wir den Krisen und dem ständigen Scheitern auf andere Weise, wenn wir verstanden haben, wie die soziale Beschaffenheit unserer nahen Beziehungen ist. Vielleicht können wir dann sehen, dass neben der romantischen Liebesbeziehung, die noch stets der Goldstandard unter den Beziehungen ist, auch andere, sehr nahe Beziehungen existieren, die wertvoll für uns sind. Was ist zum Beispiel mit unseren Freundschaften: Ist es nicht unsere Erfahrung, dass sie viel eher von Dauer sind als unsere romantischen Liebesbeziehungen? Oder was ist mit selbst gewählten Familien? Oder unseren Wohngemeinschaften? Können dies nicht auch Orte sein, die uns ein Zuhause bieten, die Raum bieten zur Planung von Zukunft und wo wir nahe Beziehungen führen können, die uns erfüllen und zufrieden machen, in denen wir uns gehalten, geborgen und geliebt fühlen?

Nicht, dass wir uns da falsch verstehen: Dieses Buch hat nicht vor, die romantische Liebe zu ihrem Ende zu bringen. Ganz im Gegenteil! Sie ist ein fantastisches Gefühl, auf das wir auch in Zukunft auf gar keinen Fall verzichten sollten. Vielmehr möchte ich dazu anstiften, das *romantische Ideal* von seinem hohen Sockel zu schubsen, welches die romantische Liebe, wie wir sie kennen, stets als das höchste Maß der Dinge erscheinen lässt. Doch es ist nicht alles

Gold, was glänzt. Es gibt auch Alternativen, andere Beziehungen, die wir als nah und bedeutsam empfinden und innerhalb derer wir uns unsere Bedürfnisse, Wünsche und Sehnsüchte erfüllen können. Und vielleicht können wir damit letztendlich auch die romantische Liebe retten, denn sie krankt heute daran, alles sein und erfüllen zu müssen.

Machen wir uns also gemeinsam auf den Weg und bringen wir das Romantikdiktat – die immer gleiche Geschichte von der Liebe, die einfach nicht hält, was sie verspricht – zu seinem Ende. Erfinden wir gemeinsam andere Geschichten, die von Liebe und Nähe erzählen, von bedeutsamen, aber eben nicht zwangsläufig romantischen Beziehungen. Seien wir dabei kreativ, probieren wir uns aus und wagen wir auch mal etwas Neues. Denn es gibt sie, die anderen Möglichkeiten des Sich-Nah-Seins, des Miteinanders. Es gibt vielfältige Möglichkeiten, Zufriedenheit und Glück im Zusammenleben zu realisieren. Unsere intimen Verhältnisse werden sich nicht allein in der Theorie verändern: Das *Know-how* dafür erlangen wir nicht allein über das Nachdenken, sondern nur über »verschiedene Versuche zu leben«, so die Philosophin Amia Srinivasan.[2] Es geht also nur über die Praxis. Aber: Für eine Praxis, die wir aktiv gestalten wollen, ist es unerlässlich, zunächst eine gemeinsame Sprache zu finden, die es uns ermöglicht, über intime Selbstverständlichkeiten ins Gespräch zu kommen. Holen wir das intime Leben aus den stillen Kämmerlein unserer Schlafzimmer heraus, um es aktiver und bewusster zu gestalten. Und dafür müssen wir endlich über Intimität reden – Let's talk about Intimacy!

KAPITEL 1

All you need is … Ja was denn?

Ich bin am Boden zerstört, als mich Fritz anruft und mir sagt: »Andrea, ich kann und will nicht mehr.« Das war es also nach acht Jahren Beziehung? Ein Anruf genügt, und es ist vorbei. All meine Zukunftspläne zerplatzen wie eine Seifenblase: Das, was vorher so schön im Lichte der Liebe geglitzert hat, löst sich mit einem Mal einfach in Luft auf. Ich dachte, unsere gemeinsame, glückliche Zukunft würde so aussehen: Wir bekommen Kinder und bleiben bis ans Ende unserer Tage zusammen. Als Fritz den Anruf und damit unsere Beziehung beendet, fühlt es sich so an, als sei mein Leben nun vorbei. Mein gesamter Lebensentwurf war so eng mit dieser Liebesbeziehung verbunden, dass für andere Empfindungen als Verlorenheit gar kein Platz war. Heute muss ich lächeln bei dem Gedanken an Fritz, auch wenn ich Trauer und Schmerz, die die Trennung mit sich brachte, immer noch spüre. Warum ich lächeln muss? Nun, weil ich gelernt habe, dass Beziehungen, die ich als nah wahrnehme, nicht immer nach dem vorgegebenen Schema F verlaufen müssen. Und weil Fritz immer noch in meinem Leben ist – allerdings auf ganz andere Art.

Tauchen wir also ein in die Praxis, um ein Verständnis dafür zu bekommen, wie unsere gesellschaftlichen Narrative, die Geschichten, die wir uns über unsere intimen Beziehungen erzählen, funktionieren und welche Wirkmächtigkeit sie entfalten. Und dafür beginne ich bei meiner ganz persönlichen Liebesgeschichte – weil sie, wie so viele andere ihrer Art in unserer Gesellschaft, auch eine prototypische ist: Ab meinem 15. Lebensjahr war ich immer in heterosexuellen romantischen Partnerschaften und nie wirklich länger als ein paar Monate ohne Partner. Die romantischen Liebesbeziehungen kamen und sie gingen. Das ging Jahre, Jahrzehnte so. Die Forschung nennt das »serielle Monogamie« und meint damit das Muster, dass Liebesbeziehungen heute eher kurz sowie meist treu verlaufen und sich mit recht kurzen Phasen des Singledaseins abwechseln.[3] Eine Reihe von Studien legt zudem mittlerweile nahe, dass die Monogamie gesamtgesellschaftlich zunehmend an Bedeutung verliert. Menschen, die sich heute in romantischen Liebesbeziehungen befinden, sind sich also nicht mehr zwingend treu oder führen verstärkt offene Beziehungen.[4] Ich spreche daher lieber von *serieller Romantik,* weil die Serialität heute nicht allein monogame Liebesbeziehungen betrifft, sondern auch nicht-monogame.

Ich war also serielle Romantikerin und kannte es nicht anders. Alles um mich herum erzählte genau diese Geschichte, die es zwar in verschiedenen Versionen gibt, aber die Kernbotschaft ist eindeutig: Es gibt da draußen *einen* Menschen, der zu dir passt, *der* Deckel für deinen Topf – du musst einfach nur suchen, die Augen und Ohren offenhalten und irgendwann wirst du diese Person schon finden. That's how the Story goes! Wie wohl die meisten von uns habe ich daran keine Sekunde gezweifelt. Ich habe es zwar für möglich gehalten, dass es im Sinne serieller Romantik mehr als einen passenden Menschen für mich geben kann, aber ich habe die Idee an sich nicht infrage gestellt: die Idee, mit *einer Person* (und eventuell irgendwann auch noch ein paar Kindern) mein Leben zu teilen. Wie wohl den meisten Menschen in unserer Gesellschaft kam es auch mir so vor, als sei es das Natürlichste der Welt, dass es so zu sein hat. Deshalb habe ich diesem Weg an sich nie hinterfragt und immer weitergesucht, wenn eine meiner vielen romantischen Liebesbeziehungen zu ihrem Ende kam. Irgendwann wird schon einer kommen, mit dem es endlich klappt. Der Richtige, mit dem ich bis zum Ende meiner Tage zusammen sein werde, sagte ich mir. Immer wieder. Romantik pur!

Mit Ende 20 kam dann Fritz, und ich habe mich (mal wieder) Hals über Kopf verliebt. Recht schnell sind wir auch ein Paar geworden: erst als Fernbeziehung, dann nach einigen Jahren zusammen in einer größeren Wohngemeinschaft. Das war der Kompromiss: Wir leben zusammen an einem Ort, haben aber unsere eigenen Wohn- und Lebensbereiche. Kompromiss deshalb, weil ich mehr Nähe wollte, Fritz aber Sorge um seine Autonomie hatte – ein Grundkonflikt vieler romantischer Liebesbeziehungen. Trotz dieser Schwierigkeiten war mir eines immer klar: Das ist der Mensch, mit dem es endlich klappt – glücklich und zufrieden, bis ans Ende meiner Tage … So wie ich es mir immer vorgestellt habe und wie ich es aus den vielen Geschichten aus Romanen oder Filmen kannte: Mit der großen Liebe wird man alt.

Als sich Fritz trennte, stand meine Welt dementsprechend kopf: Meine gesamte Liebes- und damit auch Lebens*geschichte* schien auf einmal auserzählt. Sollte das alles nun vorbei sein und Fritz aus meinem Leben verschwinden? Suche ich nun wieder weiter den für mich passenden Menschen? Und was, wenn ich ihn nicht finde? Wer wird mich begleiten und wird da jemand sein, wenn es mir mal schlecht geht? Werde ich vielleicht ganz allein bleiben? Zu jenem Zeitpunkt dachte ich noch an *eine* Person, *den* Deckel für meinen Topf, der alles abdeckt, was ich mir wünsche und zum Glücklichsein brauche.

Doch wie gesagt: Fritz gehört nach wie vor zu den wichtigen Menschen in meinem Leben. Trotz Trennung teilen wir viel, haben aber weder eine sexuelle noch eine romantische Liebesbeziehung. Wir leben an unterschiedlichen Orten und dennoch bin ich sehr eng mit ihm verbunden. Er ist Teil *meiner Familie.* Familie – ein anderes Wort fällt mir für diese Beziehungsform nicht ein. Auch wenn wir seit Jahren kein Paar mehr sind, ist Fritz da und er bleibt auch da. Diese Erfahrung war sehr zentral für mich und sie stellt eine Art Wendepunkt in meinem Leben dar. Denn eines wurde mir dadurch bewusst: Intime Beziehungen können sich grundlegend in ihrer Form, in ihrem Wesen verändern, ohne dass der Mensch an Bedeutung verlieren muss.

An dieser Stelle könnten Sie denken: Ja gut, meine Expartner*in ist auch noch in meinem Leben, wir sind heute befreundet und teilen vieles. Genau! Viele Menschen machen Erfahrungen dieser Art. Doch was machen wir mit diesen Erfahrungen? Fragen Sie sich doch einmal, welchen Stellenwert andere nahe Beziehungen für Sie haben im Gegensatz zu Ihrer (vielleicht aktuell noch nicht vorhandenen) romantischen Liebesbeziehung. Mit wem teilen Sie Ihr Leben beziehungsweise möchten Sie Ihr Leben teilen? Mit wem planen Sie Ihre Zukunft? Welchen Menschen wünschen Sie sich verlässlich an Ihrer Seite, wenn Sie daran denken? Die meisten werden an ein romantisches Gegenüber denken und vielleicht noch an die eigenen Kinder, die das Ergebnis dieser Liebes*geschichten* sind. An enge Freund*innen, langjährige Affären, Liebhaber*innen und Sexualpartner*innen, an eine selbst gewählte Familie oder Gemeinschaft jenseits von Verwandtschaft denken vermutlich die wenigsten.

Dass unsere intimen Beziehungen in den letzten Jahren, vielleicht auch Jahrzehnten, massiv in Bewegung geraten sind, bekommen wir alle täglich mit. Vielleicht in den Berichten und Büchern, die wir lesen, den Filmen und Serien, die wir schauen, den Gesprächen, die wir führen – und ziemlich sicher auch in unseren eigenen Beziehungen. Was vielen von uns heute vielleicht noch nicht klar ist, ist, welche Dimensionen diese Entwicklungen haben, was sie für uns bedeuten und was wir tun müssen, um heute besser mit ihnen umzugehen. Wie gesagt: Romantische Liebe und Nähe sind wunderbare Aspekte des Lebens, die Menschen zufrieden und glücklich machen können. Aber auch andere Formen intimer Beziehungen können liebevoll und bedeutsam sein. Insofern ist dieses Buch auch ein Aufruf, mehr zu lieben – (und dies geht über polyamoröse Vorstellungen hinaus)! Wir müssen beginnen, die Vielfalt an Formen des Sich-Nah-Seins und Sich-Liebens zu erkennen und als gelebte Praxis in Betracht zu ziehen. Es ist an der Zeit zu hinterfragen, warum romantische Liebesbeziehungen eine derartige Relevanz in unserem Leben haben und warum wir andere wichtige Beziehungen systematisch dieser Form der Nähe unterordnen, obwohl wir gesellschaftlich wahrnehmen, dass die romantische Liebe zunehmend an ihre Grenzen kommt.

Alles Liebe?
Woraus besteht unsere Beziehungswelt?

Als Soziologin beschäftige ich mich seit Langem sehr intensiv mit dem Wandel unserer persönlich-nahen Beziehungen. Einer der Gründe ist sicher auch, dass ich selbst als liebende Person, die in romantischen Liebesbeziehungen ihr Glück suchte, diverse Erfahrungen gemacht habe, die mich herausgefordert haben – und ich fühle mich auch heute noch herausgefordert, manchmal auch überfordert. Als Kind dieser Zeit bin ich mit bestimmten gesellschaftlichen Bildern und Vorstellungen darüber groß geworden, was Liebe, Nähe, Sex und romantische Beziehungen eigentlich sein sollen und wie ich diese auszugestalten habe. Nicht nur meine Eltern haben es mir vorgelebt, auch über Filme, Romane, Musik und andere kulturelle Güter habe ich Vorstellungen von und Meinungen über Liebe, Nähe, Sexualität entwickelt. *All you need is love* – wer kennt sie nicht, die unzähligen Popsongs, die von romantischer Liebe erzählen: wohlige Musik, verknüpft mit wohligen Gefühlen, erzeugen wohlige Träume. Sofort erscheinen Bilder und Szenen in unseren Köpfen, die wir aus den unzählig vielen Hollywood und Disney Filmen kennen. Bei mir waren es oft Szenen aus dem Film *Dirty Dancing*, der Ende der 1980er Jahre (ich war damals nicht mal zehn Jahre alt) erschienen ist: Trotz aller Hindernisse verlieben sich Johnny und Frances tanzend ineinander – schöne Bilder und schöne Musik kombiniert mit schönen Gefühlen. Als ich noch kleiner war, waren es die vielen Märchen, die mir schon früh Geschichten darüber erzählten, wie es ist, sich zu verlieben.[5] Insbesondere Aschenputtel hat mich beeindruckt, weil auch hier die Liebe trotz aller widrigen Umstände siegt und am Ende alle glücklich sind. Ich dachte: Wie stark muss dieses Gefühl sein, wenn es dazu führt, dass Menschen all diese Hürden auf sich nehmen? Was für eine Kraft muss die romantische Liebe haben! All diese Geschichten wecken die Hoffnung, dass es einem auch irgendwann so gehen kann, so wie Frances und Johnny oder Aschenputtel und dem Prinzen. Vielleicht haben wir Glück und finden uns, dann werden auch wir so glücklich sein – bis ans Ende unserer Tage. Doch ist das denn wirklich so?

Sie werden sich nun vielleicht fragen, was all das mit Ihren persönlich-nahen Beziehungen zu tun hat. Diese sind doch unsere Privatsache, da hat sich niemand einzumischen. Wir gestalten diese nach unseren eigenen Ideen und Vorstellungen, wir leben schließlich in einer freien Gesellschaft. Das stimmt in gewisser Weise auch: Viele Dinge unseres Lebens können wir selbst bestimmen, weil wir Handlungsspielräume besitzen – zumindest in einem gewissen Rahmen und manche mehr als andere. Allerdings sind diese ›persönlichen Angelegenheiten‹ Teil eines breiteren Kontextes: Unsere persönlich-nahen Beziehungen sind eng verwoben mit unserem gesellschaftlich-kulturellen Leben. Aus diesem Grund ist der Blick auf individuelle Liebes*geschichten* aufschlussreich. Und so dienen die vielen anekdotischen und auch persönlichen Geschichten in diesem Buch dazu, diese Verwobenheiten herauszuarbeiten und die Strukturen des Wandels zu entziffern. Als Soziologin ist – neben der Analyse der vielen Interviews und Gespräche, die ich mit Menschen über ihre Beziehungs- und Intimitätspraxis geführt habe – eine kritisch-reflexive Selbstanalyse, wie sie der Soziologe Didier Eribon in seinem Buch *Grundlagen eines kritischen Denkens* vorschlägt, Teil meiner Arbeit.[6] Dieser, auch Autoethnografie genannte Forschungs- und Schreibansatz ist eine geeignete Möglichkeit, Erleben und Praxis der intimen Beziehungen eines forschenden Individuums zu beschreiben und systematisch zu analysieren, um auf diese Weise kulturelle und soziale Erfahrungen zu verstehen.[7] Kombiniert mit der Analyse von Gesprächen und wissenschaftlichen Interviews ist es eine aufschlussreiche Möglichkeit, um Gesellschaftsanalyse zu betreiben.

In der Regel stellen wir uns nicht die Frage, wie das Alltägliche beschaffen ist, welche Gewohnheiten, Routinen und auch Rituale unser tägliches Leben bestimmen. Haben Sie mal beim Fahrradfahren versucht, darüber nachzudenken, was Sie da eigentlich genau machen, welche Dinge Sie tun und beachten müssen, damit Sie überhaupt fahren können? Wenn Sie das täten, gerieten Sie möglicherweise ins Schleudern, weil Sie plötzlich feststellen würden, wie komplex die Sache eigentlich ist. Auch im alltäglichen Miteinander haben Menschen Routinen und Gewohnheiten entwickelt, die so vertraut und eingespielt sind, dass ein Nachdenken darüber nicht notwendig ist – es passiert einfach. Das hat eine entlastende Funktion und vor allem erzeugt es Sicherheit und Vertrauen. Den meisten Menschen fallen diese Gewohnheiten und Routinen erst auf, wenn sie durch irgendetwas gestört werden oder wenn es zu einem Bruch gewohnter Abläufe kommt. Wenn zum Beispiel eine Person anders handelt als zu erwarten ist: So wären wir irritiert bis bestürzt darüber, wenn sich eine Person von heute auf morgen nicht mehr bei uns melden würde, obwohl wir doch – so dachten wir zumindest – auf dem Weg zu einer romantischen Liebesbeziehung waren.

Auch die Coronapandemie hat uns einmal mehr vor Augen geführt, wie verwoben unser persönliches Leben mit den gesellschaftlich-strukturellen Rahmenbedingungen ist.[8] Plötzlich stand zur Debatte, wem wir wie nah sein dürfen und wem nicht: Wer Teil unseres Zwei-Meter-Radius sein durfte, hing eng damit zusammen, was gesellschaftlich als legitim und relevant wahrgenommen wurde. Im öffentlichen Diskurs dominierten Begriffe wie »Personen des eigenen Haushalts«, »Familie«, »Lebenspartner*in« – das waren die zulässigen Orte des Sich-Nah-Seins. Ministerpräsident Markus Söder brachte dies kurz vor Weihnachten 2020 so auf den Punkt: Weihnachten sei nun mal das »Fest der Familie und das emotionalste Fest der Deutschen und der Bayern«, Silvester hingegen das »Fest der Freunde und anders zu bewerten[den]«.[9] Die Botschaft, die hier mitschwang: Familie ist bedeutungsvoller als Freundschaften.

Um zu zeigen, wie unsere persönlichen und nahen Beziehungen mit gesellschaftlichen und kulturellen Prozessen zusammenhängen und sich gegenseitig bedingen, müssen wir fragen, wie unsere soziale Welt beschaffen ist und wie sie funktioniert. Um zu verstehen, wie Menschen innerhalb dieser Lebenswelt(en) ihre nahen Beziehungen miteinander organisieren, welche kulturellen Muster und Ideale, soziale Normen sowie vorherrschende Strukturen sich entwickelt haben und wie diese Dinge miteinander zusammenhängen. Denn besonders diese soziologische Sichtweise hilft *zu verstehen*, wie unsere soziale Welt geschaffen ist. Sie lehrt uns, die Welt aus unterschiedlichen Perspektiven zu betrachten, immer der Frage folgend, ob es nicht auch anders sein könnte.

Diese Denkweise eröffnet uns die Möglichkeit, die Welt mit anderen Augen zu sehen, um den Gewohnheiten, Routinen und Ritualen unseres täglichen (Liebes-)Lebens auf die Spur zu kommen und sie einer kritischen Prüfung zu unterziehen. Der Soziologe Zygmunt Bauman bezeichnet es als Aufgabe der Soziologie, genau jene Fragen zu stellen, die uns oft unbequem erscheinen. In seinem Buch *Vom Nutzen der Soziologie* schreibt er dazu:

> Sie verwirrt das bequeme, ruhige Leben, indem sie Fragen stellt, die, soweit die Erinnerung der ›Einheimischen‹ noch reicht, noch keiner gefragt hat, geschweige denn beantwortet hat. Solche Fragen wandeln Bekanntes in Rätsel; sie machen das Vertraute unvertraut. Plötzlich gerät das gewöhnliche Leben unter einen prüfenden Blick und erscheint nicht länger als ›selbstverständlich‹, sondern als eine Möglichkeit unter anderen.[10]

Als Soziologin nehme ich hier also die Rolle der störenden Fremden ein, die genau jene Fragen stellt. Fragen, die unbequem erscheinen, die vielleicht auch irritieren. Und dieses Buch soll irritieren: weil die Irritation uns innehalten lässt, um nachzudenken und zu reflektieren. Gleichzeitig soll dieses Buch auch motivieren, die Gewissheiten und Routinen der eigenen Beziehungspraxis in Frage zu stellen. Nicht um alles niederzureißen, sondern um kritisch zu prüfen: Was ist da eigentlich? Wie ist meine (intime) Welt beschaffen? Welche Erfahrungen habe ich bislang gemacht? Und: Was kann *noch* sein?

Ab wann wird es bei uns eigentlich ›intim‹?

Bevor wir uns auf den Weg machen, uns die Praxis unserer intimen Beziehungen genauer anzusehen, müssen wir klären, was überhaupt intime Beziehungen sind, denn es gibt verschiedene Formen naher und persönlicher Beziehungen. Da ist zum einen die *romantische Liebesbeziehung*, wie wir sie von Narrativen wie dem von Johnny und Frances oder Aschenputtel kennen, in der sich die romantische Liebe – meist in Form von monogamen Paarbeziehungen – organisiert. Im allgemeinen Sprachgebrauch wird recht selbstverständlich von einer »Beziehung« oder »Partnerschaft« gesprochen, wenn damit eine partnerschaftlich organisierte Liebesbeziehung gemeint ist, die auf romantischen Gefühlen fußt. Diese Form von Miteinander ist gesellschaftlich institutionalisiert. Die sprachliche Gleichsetzung von *Beziehung* und *romantischer Liebesbeziehung* verdeutlicht die präsente Stellung, die diese Beziehungsform in unserer Gesellschaft hat: Eine *Beziehung* zu führen gilt als normal. Mehr noch, es ist *die* Normalität, dasjenige gesellschaftliche Skript, an dem sich unsere Handlungen fundamental orientieren. Sie wirkt also ebenfalls normierend: Fragen wir zum Beispiel eine Freundin, ob sie und der Mensch, den sie seit Wochen sehr regelmäßig trifft und mit dem sie auch eine sexuelle Ebene hat, nun ein Paar seien und eine *Beziehung* führten, fordern wir diese Freundin zur Bestimmung dessen auf, was da zwischen ihr und dem anderen Menschen ist – ohne dass sie vielleicht selbst das Bedürfnis hat, der Sache einen Namen zu geben. Die Frage, die wir dieser Freundin stellen, hat somit eine Ordnungswirkung.

Weil Sprache und das Benennen der Formen des Sich-Nah-Seins diese gravierenden gesellschaftlichen Wirkmächtigkeiten haben, ist es notwendig, sich auch mit diesen Funktionen der Sprache auseinanderzusetzen. Dabei gilt es, den Blick auch auf das zu richten, was es neben der romantischen Liebesbeziehung noch gibt: die anderen Beziehungen, die wir als nah empfinden, die Beziehungen zwischen Freund*innen, zwischen mehr als zwei Personen, zwischen Menschen, die einfach nur Sex miteinander haben und so weiter.[11] Im weiteren Verlauf differenziere ich deshalb zwischen *romantischer Liebesbeziehung* und *intimen Beziehungen* (im Plural!) – der Vielfalt intimer Beziehungen also, die sich jenseits der romantischen Liebesbeziehung verorten lassen.

Was bedeutet eigentlich Intimität? Im allgemeinen Sprachgebrauch wird dieser Begriff meist für Aspekte von Sexualität und sexuellen Handlungen verwendet: Intimrasur, Intimbereich, Intimschmuck, mit jemandem intim werden und so weiter. Das Wort »intim« meint aber sehr viel mehr. Ein Blick in das *Etymologische Wörterbuch der deutschen Sprache* verrät uns, dass der Begriff dem lateinischen Wort *intimus* entlehnt ist und »der innerste, vertrauteste, geheimste« oder auch »vertrauter Freund« meint.[12] Wenn Intimität doch eigentlich so viel mehr bedeutet als sich sexuell nah sein, wieso haben wir dann heute ein so eingeschränktes Verständnis von Intimität? Der Psychologe Steve Bearman macht in diesem Zusammenhang in seinem Essay *Why Men Are So Obsessed with Sex* auf einen interessanten Aspekt aufmerksam: Sex ist der einzige Ort, an dem Männer in unserer Gesellschaft Intimität und Sinnlichkeit erfahren können beziehungsweise dürfen. Aus diesem Grund, so Bearman, seien Männer auch »so besessen von Sex«, weil sie dort – und nur dort – tiefgehende Nähe erleben können.[13] Ist unsere Vorstellung von Intimität, von *intim sein*, also Ergebnis patriarchaler Dominanzkultur(en), weil Sex der einzige Ort ist, an dem Männer sich emotional zeigen können? Es wird Teil unserer Reise sein, den Begriff Intimität aus den Fesseln dieser Denkstrukturen zu lösen und ihn uns auf eine Weise anzueignen, in der das Sich-Nah-Sein ein wesentlicher Teil des zwischenmenschlichen Miteinanderseins ist – egal in welcher Form. Wir sind uns als Menschen auf unterschiedliche Weise nah, wir empfinden besondere Vertrautheit und emotionale Tiefe auf verschiedene Weise. Es gilt, die vielen Möglichkeiten zu entdecken, wie wir uns nah sein können.

Denken wir über unsere intimen Beziehungen nach, kommen wir nicht umhin, uns auch mit strukturellen Ungleichwertigkeiten und Ungerechtigkeiten auseinanderzusetzen. Unsere intimen Beziehungen sind eben nicht einfach private Angelegenheiten, die sich jenseits von Gesellschaft und Öffentlichkeit abspielen. Şeyda Kurt hat dies in ihrem Buch *Radikale Zärtlichkeit* überaus treffend herausgearbeitet.[14] Es ist notwendig, das Sprechen über Nähe, Beziehungen, Sexualität und Liebe aus der Privatheit, Heimlichkeit und Häuslichkeit herauszuholen und es in einen breiteren Kontext zu stellen. Inwieweit Gesellschaft und Kultur hierauf Einfluss haben, werden wir im Verlauf des Buches immer wieder fragen. Dabei werfen wir auch einen genaueren Blick auf patriarchale Dominanzkulturen. In ihrem Buch *Männer, Männlichkeit und Liebe* macht bell hooks darauf aufmerksam, wie tief sich diese Kultur und das damit verbundene Denken in unsere Ansichten, unser Erleben und unser Handeln – und somit auch in die Art und Weise, wie wir einander nah sind, wie wir unsere intimen Beziehungen wahrnehmen und ausgestalten – eingeschrieben haben.[15]

Fragen über Fragen

Wir machen uns hier auf den Weg, das Vertraute unvertraut zu machen, um andere Handlungsmöglichkeiten entdecken zu können. Dafür müssen wir Fragen nach der sozialen Funktion und Stellung des Ideals der romantischen Liebesbeziehung stellen: Warum ist sie so bedeutsam für uns? Und wir fragen, was da jenseits romantischer Liebesbeziehungen existiert und im rosafarbenen Glanz und Gloria unserer etablierten Liebesnormen auf den ersten Blick recht farblos erscheint – obwohl diese Beziehungen jenseits des romantischen Ideals dennoch sehr bedeutsam sein können. Einige dieser Beziehungen sind öffentlich nicht sichtbar, finden im Verborgenen statt oder sind geheim. Andere werden abgewertet: So beispielsweise intime Beziehungen, die sexuelle Handlungen fokussieren. Diese werden oftmals als egoistische Praxis beschrieben, bei der die Beteiligten nur an der eigenen Lustbefriedigung interessiert seien. Selten wird der Blick darauf gerichtet, welche Formen von Zwischenmenschlichkeit und Nähe –

und vielleicht auch Liebe – sich innerhalb dieser Beziehungen außerdem herausbilden (können): Menschen, die sich zum Sex verabreden und das auch wiederholen, entwickeln vielleicht eine Art intimer Beziehung, die mehr ist, als füreinander *Fuck Buddies* zu sein. Vielleicht unterstützen sie sich sogar, wenn eine*r Hilfe benötigt, vielleicht kochen und essen sie zusammen, nachdem sie Sex hatten, vielleicht fühlen sie sich auf eine Weise verbunden, die nicht romantisch sein muss und dennoch alles andere als egoistisch und gleichzeitig bedeutsam ist für diese Menschen. Das ist durchaus möglich.

Zu den Fragen, die uns in diesem Buch begegnen werden, gehört auch die nach der freien Wahl: So frei wir uns verlieben dürfen und mit einem selbst erwählten romantischen Gegenüber eine romantische Liebesbeziehung führen können – historisch übrigens eine noch nicht sehr lang bestehende Möglichkeit –, so selbst gewählt können wir uns auch wieder aus dieser Beziehung lösen. Das ist der Preis, den wir zu zahlen haben für die Freiheit, selbst wählen zu können, wen wir wie lieben. Diese Entwicklung wird durchaus beklagt: Menschen seien heute aufgrund dieser Freiheiten unverbindlicher geworden, machen mehr »ihr Ding« und wollen sich nicht einschränken lassen durch andere. Das stimmt in gewisser Weise: Wir wollen frei sein und unsere Autonomie bewahren. Zugleich wollen wir auch mit anderen Menschen verbunden sein. Und hier erleben wir alle (manche mehr, manche weniger) ein Grundspannungsverhältnis, das kaum ganz aufzulösen ist: Es ist die Ambivalenz zwischen Nähe und Distanz, zwischen Autonomie und Bindung. Manchmal entscheiden wir uns mehr für die eine Seite, manchmal eher für die andere und viele erleben eine Zerrissenheit zwischen diesen Polen.

Ein Infragestellen und Reflektieren all dessen kann Angst und Unsicherheit auslösen: Gewohnte Wege zu verlassen kann beängstigend sein, da wir nicht wissen, was geschehen wird. Es könnte sein, dass wir uns dabei wehtun, wenn wir uns auf neuen Pfaden durch das Dickicht der Beziehungsmöglichkeiten schlagen. Es ist sogar recht wahrscheinlich, dass das passiert. Statistisch gesehen ist es aber auch recht wahrscheinlich, dass wir auf den gewohnten Pfaden verletzt werden: Wie viele aus eigener Erfahrung wissen, können Dynamiken in romantischen Liebesbeziehungen schrecklich wehtun. Doch was geschieht, wenn wir mal einen anderen Weg wählen? Es könnte sein, dass wir Dinge entdecken, die wir nicht erwartet haben. Vielleicht finden wir etwas völlig anderes als das, was wir meinten zu suchen. Es könnte sogar sein, dass wir irgendwann feststellen: Dieser Weg ist viel geeigneter für mich, weil er mich mit anderen Menschen auf eine Weise verbindet, die mir Freude bereitet, die mich erfüllt und glücklich macht.

Nur Romantik zählt!

Bevor wir uns die Veränderungen im Status Quo unserer intimen Beziehungen erklären können, sollten wir uns auch fragen, wie diese Beziehungen eigentlich zustande kommen. Wir müssen uns Entstehungsgeschichten intimer Beziehungen genauer ansehen, weil diese Geschichten viel über die aktuelle Problematik verraten: Auf der Suche nach dem oder der Richtigen ringen viele Menschen um Fragen von Nähe und Distanz, schwingen hin und her zwischen Hoffnung und Enttäuschung, zwischen Freude und Angst, zwischen Liebe und Schmerz. Wie finde ich denn diese *eine* Person, die mich glücklich machen soll? Und vor allem: Wo finde ich sie? Beim Swipen durch die unzähligen Dating-App Profile, beim Sport im Fitnessstudio, beim Barabend mit meinen Freund*innen oder vielleicht einfach bei der Arbeit? Möglicherweise finde ich diese Person auch ganz zufällig an der Kasse eines Supermarktes?

Viele Menschen, die andere Menschen kennenlernen wollen und sich in den Dating-Dschungel stürzen, gehen selbstverständlich davon aus, dass ihr Gegenüber auch eine romantische Liebesbeziehung sucht – zumindest, wenn diese Person zum Beispiel in ihr Profil schreibt, dass sie an etwas »Langfristigem« interessiert sei. Aber was genau ist »längerfristig«, »verbindlich« oder »etwas Ernstes?« Wie bereits erwähnt, hat sich das Ideal der romantischen Liebe in Form der romantischen Liebesbeziehung historisch als gesellschaftliche Norm durchgesetzt. Sagen wir beispielsweise in einem Gespräch, wir sind in einer *Beziehung*, ist allen Beteiligten klar, dass wir uns in einer Partnerschaft befinden. Würden wir in diesem Gespräch dann verraten, dass wir diese *Beziehung* mit unserer besten Freundin führen und es sich um ein asexuelles Zusammenleben handelt, in dessen Kern es um ein gegenseitiges füreinander Sorgen geht, würden wir vermutlich irritiert angeschaut werden. Es kann auch sein, dass unser Gegenüber die Nase rümpft oder sogar empört ist und wir uns eventuell erklären müssen. Oder, dass wir bemitleidet werden, weil wir immer noch den oder die Richtige*n nicht gefunden haben. Dies sind noch harmlose Reaktionen auf die Abweichung der gesellschaftlichen Norm der romantischen (heteronormativen) Liebe – es ist noch nicht so lange her, da wurden homosexuelle Kontakte, geschweige denn Partnerschaften, strafrechtlich verfolgt. Sanktionen, die bei Abweichung von Normen drohen, können je nach gesellschaftlichem Klima unterschiedlich hart ausfallen.

Aktuell sind die Sanktionen in unserer Gesellschaft eher weicher. So kommt es vor, dass diejenigen, die etwas anderes suchen als eine romantische Liebesbeziehung, die offen sind für Experimente und Neues, durchaus als anders oder merkwürdig markiert werden. Einer ganzen Generation eine »Beziehungsunfähigkeit« zu diagnostizieren, sie damit auch als behandlungsbedürftig zu betrachten, ist eine Form, auf Abweichungen zu reagieren.[16] Die Norm ist die romantische Liebesbeziehung, und all diejenigen, die nicht bereit sind, sich hierin einzufügen, sind demnach unfähig, überhaupt nahe Beziehungen einzugehen. Dabei fällt der Blick nicht auf all die anderen nahen, also intimen Verhältnisse, in denen sich Menschen möglicherweise befinden. Auch Single zu sein gilt als Abweichung von der Norm der romantischen Liebesbeziehung. Mit dem Begriff *Single* wird die Singularität des Menschen hervorgehoben: Ein Single ist dementsprechend allein und deshalb vermutlich auch einsam. Es spielt dabei aber keine Rolle, ob dieser Mensch beispielsweise sehr intime Beziehungen zu Freund*innen hat und sich selbst überhaupt nicht einsam vorkommt. Singles sind Menschen, die *nicht* in einer romantischen Liebesbeziehung sind.

All diese Einordnungen – als das, was *anders* ist – machen deutlich, dass bei Abweichungen von der Norm des romantischen Ideals soziale Mechanismen greifen, die regulierend wirken. Mechanismen dieser Art haben gesellschaftlich eine wichtige Funktion: Sie ordnen Gesellschaften, sichern somit den sozialen Zusammenhalt und stabilisieren den gesellschaftlichen Frieden. Es geht also um ein Ordnungsprinzip: Menschen organisieren sich auf eine ganz bestimmte Weise und um diese Ordnung aufrechtzuerhalten, greifen Normen, Werte, Gesetze etc. Die Norm der romantischen Liebe dient schließlich zur Stabilisierung naher Beziehungen, dabei geht es um die Aufrechterhaltung relevanter sozialer Systeme, die wiederum stabilisierend auf das Funktionieren ganzer Gesellschaften wirken: Wie sonst sollen sich Menschen umeinander kümmern und füreinander sorgen als in romantischen Liebesbeziehungen, der Ehe und Kleinfamilie, könnte man fragen.

Dieser Gedanke klingt zunächst einmal nicht weiter verkehrt. Problematisch wird es dann, wenn wir gesellschaftlich nicht offen sind für andere, vielleicht auch neue Entwicklungen, die Potenziale freisetzen und wo sich Menschen anders miteinander organisieren, sie sich auf andere Weise füreinander verantwortlich fühlen, sie andere Wege finden, sich nah zu sein. Sind wir gesellschaftlich offen genug, Menschen diesen sozialstrukturellen Rahmen zu bieten? Beispielsweise jenseits romantischer Liebesbeziehungen Kinder zu zeugen und großzuziehen? Haben wir Möglichkeiten geschaffen, dass sich

Menschen jenseits der Kleinfamilie auch im Alter umeinander kümmern können? Es mag sein, dass wir dafür offen sind, aber bieten wir hier auch entsprechende Strukturen, damit dies eine lebbare Praxis für Menschen werden kann? Hierfür bräuchte es auch Gesetze, die es überhaupt ermöglichen, dass wir das Recht haben, uns um einen Freund oder eine Freundin zu kümmern, wenn diese Person Unterstützung benötigt oder gar selbst nicht mehr entscheiden kann. Ist beispielsweise ein guter Freund rechtlich abgesichert, wenn wir mit ihm ein Kind großziehen möchten, er aber nicht der biologische Vater ist? Diese strukturellen Rahmenbedingungen sind oftmals entscheidend, wenn es um die praktische Umsetzung eines gemeinsamen Miteinanders und Zusammenlebens geht.

Verliebt, verlobt, verheiratet – oder doch ganz anders?

Nicht allein fehlende gesellschaftliche Strukturen und Rahmenbedingungen erschweren es, gemeinsam Formen der Nähe jenseits des romantischen Ideals zu entwickeln. Auch auf anderen Ebenen greifen regulierende Mechanismen, die sehr viel subtiler sind und damit schwerer greifbar, deshalb aber nicht weniger wirkmächtig. Es sind Mechanismen, die im Innersten wirken und die Ebene der Gefühle selbst betreffen und die Frage aufwerfen, warum wir bestimmte Gefühle vorwiegend in einer Form der intimen Beziehung denken und warum wir diesen Gefühlen meist diesen einen sozialen Ort geben wollen. Dieser Ort ist die romantische Liebesbeziehung. Ich möchte das an einer Geschichte etwas veranschaulichen.

Zu Beginn des Jahres 2022 habe ich jemanden über eine Dating-App kennengelernt, nennen wir ihn Philipp. Philipp lebt in einer anderen Stadt, recht weit weg von mir. Das Match mit ihm kam zustande, weil ich eine Freundin besucht habe, die in der Stadt lebt, in der auch Philipp lebt. Mit dieser Freundin habe ich mich ein wenig in einer Dating-App »umgeschaut«. Gemeinsam haben wir uns durch die vorhandenen Profile geswipt: nach links bedeutet »ich bin nicht interessiert«, das Wischen nach rechts signalisiert Interesse. Wenn die Person, die ich nach rechts wische, dies auch tut, entsteht ein Match und erst dann können wir miteinander kommunizieren – so funktionieren die meisten dieser Apps. Meine Freundin und ich wischen uns also durch den Abend: Sie war neugierig, ob sie jemanden kennt, ich wollte Ablenkung und Unterhaltung. Beim Swipen gehört Philipp zu den wenigen Menschen, die ich nach rechts wische. Am selben Abend haben wir dann ein Match und beginnen uns zu schreiben. Recht schnell wird der Kontakt zwischen uns intensiv. Wir tauschen unsere Nummern aus, kommunizieren sehr viel über Nachrichten und Sprachnachrichten. Wir teilen dabei Gedanken und Erlebnisse – es reicht von »Guten Morgen« bis »Gute Nacht« und ganz viel dazwischen. Es bleibt nicht beim Schreiben und Sprachnachrichten Schicken, bald schon telefonieren wir regelmäßig und verabreden uns schließlich zu einem Skype-Date, um uns mal »live« zu sehen, da wir uns aufgrund der Distanz nicht so einfach zu einem physischen Date verabreden können.

Nach zwei Wochen intensiven Kontakts kommt es dann zu einem Moment des Innehaltens – man könnte es auch als Bruch bezeichnen. Philipp bemerkt es früher als ich und erklärt mir in einem Gespräch, dass er beobachte, in welche Richtung sich unser Kontakt entwickle, nämlich in Richtung romantischer Liebesbeziehung. Genau das möchte er aktuell aber nicht – und so stünde es auch in seinem Profil. Seine bisherigen Erfahrungen haben ihm gezeigt, dass dies nichts für ihn sei, erklärt er mir am Telefon. In dem Moment, in dem er es ausspricht, wird mir auch klar: Moment, *das* – also eine romantische Liebesbeziehung – will ich doch gerade auch nicht. Im Strudel des Kennenlernens bin ich wieder den alten Mustern gefolgt, möchte aber nicht in die nächste *Beziehung* rennen, die eben diesen

Mustern folgt: sich in jemanden verlieben, ein Paar werden, zunehmend aufeinander fokussieren, vielleicht sogar verschmelzen, alles andere vergessen, Freund*innen vernachlässigen, zusammenziehen, den Bund fürs Leben eingehen, Kinder bekommen, ein Haus kaufen und so weiter.

Wir sind also beide an einem Punkt, an dem wir feststellen, dass wir keine romantische Liebesbeziehung wollen. Dennoch spüren wir eine besondere Art der Verbundenheit, die vielleicht mehr beinhaltet als einfach nur platonische Freund*innen zu sein. Und ich denke, das ist auch der Grund, warum wir weiterhin in Kontakt bleiben. Ich lerne Philipp also weiter kennen, und in dem Moment, in dem ich das hier niederschreibe, ist der weitere Verlauf der Geschichte offen – so wie viele dieser Geschichten heute nun mal offen sind.

In meiner Forschung tauchen ganz ähnliche Geschichten des Kennenlernens auf: Da begegnen sich Menschen über Dating-Apps, die sich spannend finden und eine gewisse Anziehung spüren, die nicht unbedingt sexuell sein muss – auch wenn das durchaus der Ausgangspunkt sein kann. Sie lernen sich näher kennen und führen vielleicht auch erste Gespräche darüber, was zwischen ihnen möglich ist, welche Gefühle im Spiel sind oder welche eben nicht. Irgendwann kommt der Punkt, an dem sich diese Menschen dann fragen: Was nun? Was entwickelt sich hier und was nicht? Vielleicht kennen wir das auch aus eigener Erfahrung. Da suchen wir doch eigentlich eine verbindliche, romantische Liebesbeziehung und den Menschen, dem wir da begegnet sind, finden wir zwar prima, aber mehr als eine Freundschaft wird das nicht. Und Freundschaften haben wir bereits zur Genüge, deshalb verfolgen wir dies nicht weiter. Etliche Menschen, mit denen ich in meiner Forschung gesprochen habe, haben sich gegen den entstandenen Kontakt sowie die Möglichkeit entschieden, etwas – möglicherweise jenseits einer romantischen Liebesbeziehung – zu entwickeln. Sie haben dies zum Teil auch ganz bewusst getan und damit begründet, dass diese Geschichte ja zu

»nichts« führe und sie keine Zeit verschwenden wollen. Der Druck, sich zu binden, ist groß. Insbesondere zu bestimmten Phasen des Lebens, beispielsweise wenn ein Kinderwunsch vorhanden ist. Hinzukommt, dass das Dating sowie die Suche nach der richtigen Person langwierige Aufgaben sind. Das Motto vieler scheint zu sein: Bloß keine Zeit verschwenden! Sie möchten nicht zu viel Energie in etwas »investieren«, das nicht zu einer romantischen Liebesbeziehung – und somit zur Möglichkeit der Familiengründung – führt.

Warum beenden wir Kontakte zu Menschen, denen wir uns bereits nah fühlen? Man könnte vielleicht sagen: Ist doch klar, weil wir nicht in die Person verliebt sind und wir nach einer *Beziehung* suchen. Oder: Die andere Person hatte keine Gefühle für uns, also haben wir das beendet. Die Gründe sind meist darin zu suchen, dass es kein Potenzial für eine romantische Liebesbeziehung gibt. Und an dieser Stelle frage ich: Warum zählt für uns *nur* die Romantik? Vielleicht hätte sich eine andere bedeutungsvolle Form des Sich-Nah-Seins entwickelt. Vielleicht wäre es sogar möglich gewesen, mit dieser Person große und langfristige Lebensentscheidungen, wie zum Beispiel einen Kinderwunsch, einen gemeinsamen Hausbau oder etwas Ähnliches, zu verfolgen – schlicht außerhalb einer romantischen Liebesbeziehung, wie das uns üblich erscheint. Sie denken vielleicht, dass das nicht geht. Und ich frage: Warum eigentlich nicht?

Wir sind uns nah – auch jenseits des Romantikdiktats

Selbst wenn wir uns an einem bestimmten Punkt für andere Formen des Sich-Nah-Seins entscheiden sollten – und dies tun durchaus einige Menschen – und uns an einer intimen Beziehung, die nicht den Mustern der romantischen Liebe folgt, versuchen, sind wir mit weiteren Hürden konfrontiert. Insbesondere dann, wenn diese Beziehung nicht bestimmten Normen und Mustern folgt, wenn sie beispielsweise weder romantisch noch freundschaftlich ist. Diese Beziehung ist vielleicht etwas, das keinen Namen hat, weil keine Zuordnung passend ist oder weil das eine zu viel und das andere zu wenig erscheint. Und diese Nicht-Zuordnung löst Unverständnis, Widerstand und/oder Ablehnung aus, denn das Modell, an dem sich alle zu orientieren haben, ist heterosexuell *und* romantisch. Die heteronormative Kultur, an der wir uns alle zu orientieren haben, auch jene, die nicht heterosexuell sind, umfasst mehr als das Sich-nah-Sein, welches auf ganz bestimmte Weise praktiziert werden sollte (Norm). Diese Kultur hat auch ein ganzes Bündel an Praktiken – und vor allem Institutionen wie die Ehe – im Gepäck, die als Motor gesellschaftlicher Reproduktion fungieren.

Und ich möchte noch einen Schritt weitergehen und von einer romantischen Heteronormativität sprechen, da es unser Idealzustand ist, wenn unsere (heteronormativen) Beziehungen, auf denen wir uns gesellschaftlich reproduzieren, romantisch sind. Alles, was davon abweicht, wird als *anders* markiert. Es herrscht ein *romantisches Diktat*, welches unsere persönlichen Liebes*geschichten* vorschreibt. Und das im doppelten Sinn des Wortes: In unseren Filmen, Märchen und Songs, aber auch in persönlichen »Erfolgs*geschichten*«, die wir einander erzählen und mithilfe derer wir konstruieren, was für uns ›Normalität‹ bedeutet. Das Romantikdiktat wirkt also regulierend, und wessen Geschichte davon abweicht, dem droht die Problematisierung der eigenen Intimitätspraxis.

Dies wird auch deutlich anhand meiner Geschichte mit Philipp. Als ich in einem Gespräch mit einem guten Freund auf Philipp und meinen Kontakt zu ihm zu sprechen komme, insistiert dieser regelrecht darauf, mir über meine »wahren« Gefühle ihm gegenüber klar zu werden. Es sei wichtig für meine emotionale Gesundheit, diese Gefühle nicht zu verdrängen, sonst würden sie mich irgendwann einholen. Diese Ermahnung, die mich zwar zu nichts zwingt, wirkt dennoch regulierend: In dem Moment, als er es ausspricht, spüre ich ein Unwohlsein. Ich fühle mich ertappt: Rede ich mir das, was gerade zwischen Philipp und mir ist, schön? Was sind denn meine »wahren« Gefühle? Sollte ich den Kontakt zu ihm vielleicht besser abbrechen, schließlich ist da eine gewisse Anziehung zwischen uns? Nicht, dass ich am Ende unglücklich bin. Denn heißt es nicht oftmals: Freundschaften zwischen (heterosexuellen) Männern und Frauen sind schwierig, weil sie, wie *Der Spiegel* uns verrät, »selten von gegenseitiger Anziehung und Sexualität losgelöst« sind.[17] Das kann auf Dauer nicht gut gehen, so die Botschaft. Schließlich komme irgendwann die Frage auf, warum nicht doch ein Paar werden, wenn man sich so gut versteht und eine gegenseitige Anziehung wahrnimmt. Denn ist nicht die romantische Liebesbeziehung genau jener Ort, an dem Gefühle der starken Zuneigung, die wir gegenüber einem Menschen empfinden, realisiert werden? Nicht dass wir am Ende unglücklich sein werden, weil wir uns doch verliebt haben und mit diesem Menschen zusammen sein wollen. Diese Gedanken begleiten auch mich auf meiner Reise mit Philipp und sie werden immer mal wieder dadurch bestärkt, dass Menschen, mit denen ich über diese Beziehung spreche, die keine romantische ist, nach meinen »wahren« Gefühlen fragen. In diesen Momenten fühle ich mich aufgefordert, mich zu rechtfertigen, mich zu hinterfragen und/oder mir meiner »wahren« Gefühle klar zu werden.

Wahre Gefühle an falschen Orten?

Es wäre leicht zu sagen, dass Gefühle nun mal Gefühle seien: Sie entstehen in uns und sind nur bedingt beeinflussbar. Ihnen wird eine gewisse Ursprünglichkeit und Natürlichkeit zugesprochen. Ohne zu tief in die Diskussion um das Verhältnis von Verstand und Gefühl zu geraten – hierzu haben sich bereits sehr viele, sehr kluge Menschen geäußert –, ist es wichtig, ein paar grundlegende Aspekte für ein besseres Verständnis davon, was Gefühle sind, zu klären. Die Philosophin Martha C. Nussbaum, die in ihrem Essay *Konstruktion der Liebe, des Begehrens und der Fürsorge* auf das Verhältnis von Gefühlen und Überzeugungen eingeht, stellt beispielsweise fest, dass Gefühle kulturell vermittelt sind. Wir werden also laut Nussbaum nicht mit einem festen »Gefühlsrepertoire« geboren. Das heißt auch, dass Menschen dieses Repertoire erst erlernen müssen. Beispielsweise lernen wir sehr früh, dass bestimmte Körperteile zu bedecken sind, wenn diese gesellschaftlich als sexuell wahrgenommen werden. Dies erzeugt Gefühle von Scham, wenn sie nicht bedeckt und öffentlich gezeigt werden – das zeigt auch der unterschiedliche Umgang mit ›weiblichen‹ und ›männlichen‹ Brüsten –, und kann auch strafrechtlich verfolgt werden, wenn wir sie nicht bedecken.

Wenn wir also davon ausgehen, dass Gefühle wie Scham erlernt sind, dann ist es auch »grundsätzlich möglich, Gefühle dadurch zu verändern, daß man die Überzeugungen, auf denen sie beruhen, modifiziert«, schreibt Nussbaum.[18] Wie es zum Beispiel aktuell zur Debatte steht, ob es weiterhin verboten sein soll, dass ›weibliche‹ Brüste in der Öffentlichkeit zu verdecken sind.[19] Und vielleicht schämen sich dann junge Frauen in Zukunft nicht mehr für ihre Brüste, sondern verbinden mit der Zurschaustellung eher wohlige Gefühle. Für unsere Fragen rund um intime Beziehungen ist diese Einsicht zentral, weil sie auf die Wandelbarkeit von Überzeugungen *und* Gefühlen verweist. Das macht es wichtig, auf die Funktion von Sprache zu blicken.

Über Sprache werden kulturelle Ideen, Ideale und soziale Normen vermittelt: Kinder lernen früh die Welt anhand dessen zu ordnen und zu interpretieren, was sie als Ordnungs- und Interpretationsschemata von anderen Menschen, meist Erwachsenen, zur Verfügung gestellt bekommen. Dies gilt auch für Ideen und Überzeugungen darüber, was Liebe, Begehren, Sexualität, Intimität und

Beziehung ist. Dass meine Studierenden in Lehrveranstaltungen beim Thema Sex meist amüsiert kichern, beschämt wegschauen und einfach nicht darüber sprechen wollen, zeigt deutlich, wie schambehaftet dieses Thema nach wie vor ist. Es fehlt eine offene (Aus-)Sprache, wie wir sie beispielsweise kennen, wenn wir uns mit jemandem über ein gutes Gericht unterhalten, welches wir kürzlich genussvoll verspeist haben.

In ihrem Essay macht Nussbaum auch deutlich, auf welche Weise Gefühle über soziale Normen eingeordnet werden. So können innerhalb einer Kultur Normen, in deren Rahmen Menschen Gefühle auszudrücken lernen, stark variieren – je nach Alter, Geschlecht und sozialem Status zum Beispiel. Wut als Gefühlsausdruck wird gesellschaftlich beispielsweise eher Männern zugestanden und als legitimer emotionaler Ausdruck wahrgenommen, während Frauen kaum gesellschaftliche Räume zugestanden werden, in denen sie wütend sein können. Noch interessanter ist aber, dass Gefühle je nach Zeit

und Ort sehr unterschiedlich ausfallen können: Zum Beispiel haben Menschen im antiken Griechenland mit *Eros* (Liebe und Begehren) »eine furchtbare und schreckliche Form der Hörigkeit und des Zwangs« verbunden, während höfische Liebhaber*innen im mittelalterlichen Europa dies eher mit einer »sanften und erhabenen Empfindung, die einem ›edlen Herzen‹ entspringt« verknüpften, wohingegen moderne Amerikaner*innen sich darunter etwas vorstellen, das »mit tiefempfundenen Entwürfen von Selbstäußerung und Selbstüberwindung« im Zusammenhang steht.[20] Nicht nur das Begriffsverständnis und die Vorstellung *über* das Gefühl *Eros* hat sich also historisch und kulturell verändert. Menschen der Antike, des Mittelalters und der Moderne haben *Eros* auch auf jeweils unterschiedliche Art *empfunden* beziehungsweise *empfinden* es ganz eigen. So fühlte sich der griechische Mann vom *Eros* gefesselt und zur Passivität verurteilt, mittelalterliche Liebende waren empfindsam und fühlten sich geleitet von Regeln der Verehrung und Höflichkeit, und moderne Amerikaner*innen sind überwältigt vom Eros, der sie auch gegen ihren Willen mitreißt.

Nicht allein Überzeugungen, die den Gefühlen zugrunde liegen, können sich verändern, sondern auch die Gefühlswelten selbst. Dieser Argumentation folgend ist es also möglich, dass wir Einfluss darauf nehmen können, *wie wir fühlen*. Um dies zu erreichen, so Nussbaum, ist die Wahrnehmung von Handlungsspielräumen von großer Bedeutung:

> In jeder Gesellschaft gibt es Spielraum, der von Einzelpersonen dazu benutzt werden kann, die Regeln wissentlich zu ignorieren, mit den Regeln zu spielen und sogar in einer Situation der Distanziertheit und der hierarchischen Verhältnisse wechselseitige Liebesbeziehungen zu improvisieren.[21]

Die Wahrnehmung von Handlungsspielräumen innerhalb biologischer und sozialer Grenzen der Veränderbarkeit spielt hier eine wichtige Rolle. Ebenso wie der erste Schritt, diese Spielräume zu erkennen, um sie in einem zweiten Schritt auch nutzen zu können. Vielleicht können wir auf diese Weise die Grenzen dessen, was möglich ist – wen wir wie lieben, begehren und wem wir nah sind –, allmählich verschieben.

Die Frage kann also sein: Müssen die Gefühle, die ich für Philipp empfinde, zwangsläufig darin münden, wo sie »idealerweise« ihren Ort haben, nämlich in einer romantischen Liebesbeziehung? Oder gibt es auch andere Möglichkeiten, einander nah zu sein? Vielleicht improvisieren wir? Vielleicht entwickelt sich etwas zwischen uns, das wir nicht benennen können, weil es kulturell dafür noch keine Vorbilder gibt, an denen wir uns orientieren können? Das mag leicht klingen, es ist allerdings alles andere als das. Es scheint mir sogar *sehr* schwer zu sein.

Wenn ich darüber nachdenke, breitet sich immer wieder ein Gefühl des Unbehagens in mir aus: Bin ich merkwürdig, vielleicht sogar übergeschnappt, weil ich mir wünsche, mit Philipp verbunden zu sein auf eine Weise, die *jenseits der seriellen Romantik* liegt? »Das kann nicht funktionieren!« ist die implizite Botschaft, die immer wieder in Gesprächen darüber mitschwingt. Der Blick in die Wissenschaft verrät, dass diese Art des Unbehagens in uns entstehen kann, wenn wir uns nicht-konform verhalten: Das »normative Unbewusste« kann Scham, Schuldgefühle und auch Angst auslösen.[22] Diese Gefühle können als innere Sanktionen gegen die Normabweichung verstanden werden und verursachen nicht selten psychischen Stress und innere Konflikte. Denn dem Romantikdiktat folgend, finden wir die Erfüllung unserer »wahren« Gefühle in einer romantischen Liebesbeziehung mit dem Objekt unserer Verliebtheit. Das ist der vorgeschriebene Weg, von dem wir unzählig viele Geschichten kennen, der Weg, der uns schließlich glücklich machen soll. Andere Geschichten kennen wir nicht, sie werden nicht erzählt. Aber sind sie deshalb auch unmöglich?

Schauen wir entgegen diesen subjektiven Wahrnehmungen auf die empirische Realität, die Tatsache, dass romantische Liebesbeziehungen heute nicht mehr von Dauer sind, wird deutlich, dass auch der gesellschaftlich vorgeschriebene Weg nicht das hält, was er verspricht. Wachsende Scheidungsraten, Zunahme von Singlehaushalten und das Zerbröckeln kleinfamiliärer Strukturen sind heute Normalität. Der Boom der Dating-Branche zeigt, wie viele Menschen auf der Suche sind – und die meisten suchen nach romantischen Liebesbeziehungen, wohl wissend, dass diese Beziehungen kommen und gehen. Und das zeigen nicht nur die wissenschaftlichen Daten, es ist auch die Wahrnehmung und die Erfahrung der Menschen. Es ist ein immer wiederkehrender Strudel des Sich-Verliebens und des Sich-Entliebens, der uns aufs Neue mitreißt. Oder geht das auch anders? Und wenn ja, *wie* kann das gehen?

Wie wollen wir in Zukunft leben und lieben?

Gibt es jenseits des Romantikdiktats auch andere Beziehungsformen, in denen sich Menschen nah und bedeutsam sein, in denen sie sich liebevoll begegnen und füreinander da sein können? Lassen sich Formen von intimen Beziehungen finden, die das eigene Ich nicht derart bedrohen, wie es in romantischen Liebesbeziehungen oft der Fall ist? Beziehungen, die ohne Selbstaufgabe funktionieren und somit die Angst vor Autonomieverlust nehmen? Intime Beziehungen ohne unser allgegenwärtiges »Alles- oder nichts«-Prinzip der »einen wahren Liebe«. Können wir das Spannungsverhältnis zwischen Nähe und Distanz, zwischen Autonomie und Bindung aufheben? Es gibt eine Reihe von Bindungen, die mehr Freiraum, beispielsweise für Persönlichkeitsentwicklung, zulassen: Zum Beispiel sind freundschaftliche Beziehungen häufig sehr offen in ihrer Ausgestaltung und lassen dem Einzelnen mehr Eigenständigkeit und Freiheit. Auch Beziehungen der Art, wie ich sie heute mit Fritz führe und die nicht mit Begriffen wie Freundschaft oder romantische Liebesbeziehung zu fassen sind, bieten Platz für das jeweilige Ich und sind dennoch nah und verbindlich.

Weil unsere Liebes*geschichten* so erzählt werden, dass wir eine romantische Partner*in brauchen und am besten auch eigene Kinder, um so unser Aufeinander-Angewiesen-Sein an einem wohligen Ort gesichert zu wissen, ist da eine gewisse Unsicherheit, wenn Menschen ohne romantische Liebesbeziehung über ihre Zukunft nachdenken: Wer ist in Zukunft da? Was ist, wenn das Alleinleben nicht mehr geht oder wir das Alleinsein nicht mehr wollen? Wen dürfen oder trauen wir uns zu fragen, uns zu helfen? Wir sind soziale Wesen und existenziell aufeinander angewiesen. Als Menschen brauchen wir einander und die Ungewissheit verunsichert uns. Es gehört zur *conditio humana*, dass wir nicht allein existieren können – zumindest *noch* nicht, denn wer weiß, was technisch in Zukunft möglich sein wird.

Heute existiert gesellschaftlich eine relativ genaue Vorstellung davon, dass Menschen, die eigene Familien gegründet und Kinder haben, auf gewisse Weise abgesichert sind: Die Partnerin wird das mit der Kindererziehung schon machen; der Partner wird sich um die Eltern kümmern, wenn diese nicht mehr allein zurechtkommen; die Kinder werden später nach den Eltern schauen, wenn es denen nicht gut geht und sie den Alltag nicht mehr allein bewältigen können. Wissenschaftlich habe ich jahrelang zum Thema Pflege älterer Menschen geforscht und vielfach erleben können, wie Fragen der verbindlichen Versorgung einer pflegebedürftigen Person mit Autonomiebestrebungen derjenigen kollidieren, die diese Aufgabe übernehmen könnten. Zwar sind es empirisch nach wie vor enge Familienmitglieder, die diese Aufgaben übernehmen, aber die Bereitschaft, das eigene Leben für die Versorgung der Eltern einzuschränken, sinkt.[23] Die Glaubenssätze des familiären Zusammenhalts – ich nenne es Glaubensätze, weil wir uns verdeutlichen sollten, dass es kein Naturgesetz ist, dass wir uns in Kleinfamilien organisieren, sondern Ergebnis historischer Entwicklungen – sind nach wie vor stark, aber der familiäre Zusammenhalt bröckelt aus unterschiedlichen Gründen: zunehmende Singularisierung, verstärkte Mobilität, Veränderung der Arbeit und Neoliberalismus sind nur einige der Gründe, warum sich die Rahmenbedingungen für soziale Organisationseinheiten, wie die Kleinfamilie eine ist, ändern.

Und wenn sich selbst Menschen, die eigene Familien haben, nicht mehr sicher sein können, dass sie füreinander da sein werden, wer ist dann da, wenn es keine eigene Familie gibt? Sieht die Zukunft für diejenigen unter uns, die in keiner festen romantischen Liebesbeziehung sind und zudem keine eigene Familie und Kinder haben, also düster aus? Vielleicht sollten wir auch an Menschen denken, die nicht unsere (zukünftigen) romantischen Partner*innen sind, wenn wir uns fragen, wer da sein wird in Zukunft. So wie ich beispielsweise an Fritz denke, haben viele von uns vielleicht auch eine oder mehrere Personen in ihrem Leben, die uns sehr nah sind, mit denen wir unsere Zukunftspläne besprechen könnten. Eine absolute Sicherheit dafür, dass diese Pläne und Vereinbarungen dann auch Bestand haben werden, werden wir nicht haben. Aber diese Sicherheit haben wir auch in anderen, heteronormativ-romantischen Kontexten nicht, wie die aktuellen Trends in der Gesellschaft und Entwicklungen in der Forschung dies unterstreichen.

Eine Antwort auf unseren Wunsch nach Absicherung könnte sein, auf eine *Vielheit* an verbindlich-nahen Beziehungen zu setzen. Intime Beziehungen, innerhalb derer wir unterschiedliche Bedürfnisse, Sehnsüchte, Wünsche und Pläne haben dürfen und die uns auf ein neues, breites und vielleicht auch sicheres Fundament stellen werden. Diese freundschaftlichen, sexuellen oder, nach heutigem Verständnis, »No-Name-Beziehungen« können genauso Teil unserer gesellschaftlichen Normalität sein wie es auch romantische bereits sind. Eine Art selbst gewählter Familie: Menschen, mit denen wir uns tief verbunden fühlen, die uns nah sind und die wir lieben – ob nun romantisch oder nicht. Wen und wie wir in Zukunft lieben werden, mit wem wir wie zusammenleben wollen, hängt davon ab, welche Modelle – oder sagen wir in Anlehnung an Bini Adamczak: »Beziehungsweisen« – von intimen Beziehungen für uns denkbar sind.[24] Und wenn wir in Zukunft besser lieben und miteinander leben wollen, müssen wir uns diesen Fragen stellen und nicht nur im Einzelnen, sondern auch als gesamte Gesellschaft.

Fangen wir an, unsere Beziehungspraxis zu hinterfragen und eine gemeinsame Sprache zu finden, mit der wir das beschreiben können, was die Welt noch für unsere intimen Beziehungen bereithält. Denn erst wenn wir uns genauer ansehen, aus welchem Stoff unsere Wünsche, Träume und Sehnsüchte gemacht sind, können wir unsere Handlungsspielräume erkennen und uns in ihnen bewegen, mit ihnen spielen, improvisieren und vielleicht auch die Grenzen dieser Spielräume ganz bewusst ignorieren.

KAPITEL 2

Ist die zauberhafte Welt der Liebe am Ende?

Die Geschichten klingen immer so zauberhaft: Zwei Menschen begegnen einander, in einem kurzen Moment treffen sich die Blicke – und zack, ist es passiert. Sie haben sich ineinander verliebt. Kurz darauf, manchmal auch nach ein paar anfänglichen, doch mindestens ebenso romantischen ersten Hürden, sind sie dann zusammen und bis ans Ende ihrer Tage glücklich. Und damit ist das Paar begründet.[25] So simpel gestrickt diese Geschichten auch sind, sie wollen uns vor allem eines mitteilen: Es ist möglich, diesen einen für uns bestimmten Menschen zu finden. Ganz realistisch ist das nicht. Und dennoch sind sie überall, jene märchenhaften Liebes*geschichten*. Sie bestehen fort in unterschiedlichen, leicht abgewandelten und kulturellen Entwicklungen angepassten Formen. So versteht sich beispielsweise das Buch *Bridget Jones – Schokolade zum Frühstück* von Helen Fielding aus dem Jahr 1996, welches dann 2001 verfilmt worden ist, als moderne Variante des 1813 erschienenen Romans *Stolz und Vorurteil* von Jane Austen. Dieselbe klassische LoveStory wieder und wieder neu erzählt. Bilder, die zeigen, wie schön die Liebe sein kann in immer neuem Anstrich. Erzählungen dieser Art prägen nicht nur unser Aufwachsen, sie prägen auch unsere Gegenwart und Zukunft.

Wie allgegenwärtig sie sind, zeigt auch die Story von *Bennifer*, also Ben Affleck und Jennifer Lopez, an der man im Sommer 2022 medial kaum vorbeikam. So berichtete beispielsweise Sophia Zessnik in der *Taz:* Es sei zwar nur eine von vielen Liebes*geschichten* und an sich nichts Besonderes. Die Leserschaft könne sich also durchaus fragen, warum um die Trauung von Bennifer medial so ein Bohei gemacht werde – weder seien die beiden gute Schauspieler*innen noch seien sie besonders sympathisch. Aber etwas Rührendes habe diese Geschichte eben doch. Denn Bennifer waren bereits vor etlichen Jahren ein Liebespaar, trennten sich aber nach kurzer Zeit wieder. Beide blicken heute auf gescheiterte Ehen zurück und beide haben Kinder mit anderen Menschen. Nun nach über 18 Jahren haben Jennifer Lopez und Ben Affleck doch wieder zueinandergefunden und schließlich auch geheiratet. »Ich schätze, es ist die Sehnsucht nach einem Happy End«, resümiert Zessnik in ihrem Beitrag über die Hochzeit von Bennifer und die Frage, warum diese medial solch eine Aufmerksamkeit erzeugt hat.[26]

Diese Geschichten zeigen eines besonders deutlich: Da ist eine große Sehnsucht, dass der romantische Traum auch für einen persönlich in Erfüllung gehen mag. Wer möchte schließlich nicht so ein *Happy End* wie Jennifer Lopez und Ben Affleck erleben? Nach so langer Zeit und so vielen Hürden sind sie nun doch (wieder) vereint und lieben sich. In unserer Kultur ist das *Happy End* mit der Erfüllung der romantischen Sehnsucht verknüpft, was daran liegt, dass die romantische Liebesbeziehung nach wie vor die vorherrschende Form intimer Beziehungen ist. Es ist für viele ganz normal, in einer romantischen, und wie hier auch üblicherweise monogamen, Liebesbeziehung zu sein. Alles andere ist eben *anders*. Und so gibt es kaum Geschichten, die anderes erzählen, die anders ausgehen, die beispielsweise damit enden, dass zwei oder mehr Menschen ohne Verliebtheit und Romantik zusammenleben und möglicherweise bis ins hohe Alter miteinander glücklich sein werden.

Warum ist das so? Ist die romantische Liebe so sehr in unser Zusammenleben eingeschrieben, dass wir sie als den natürlichen Lauf der Dinge wahrnehmen? So als wäre es schon immer so gewesen. Oder gab, beziehungsweise gibt es in der Welt auch Modelle des Zusammenlebens, die nicht romantisch organisiert waren oder sind? Was ist das überhaupt, diese romantische Liebesbeziehung, von der wir hier die ganze Zeit reden?

Um zu verstehen, was genau dahintersteckt, müssen wir uns zunächst einmal der Entstehung der romantischen Liebe nähern und uns die sozial-historischen Entwicklungen europäischer Gesellschaften genauer ansehen. Denn auf diese Weise können wir besser verstehen, wie sich die sozialen Bedingungen intimer Beziehungen mit der Zeit verändert haben. Und außerdem können wir somit nachvollziehen, dass sich damit auch die Vorstellungen von Liebe sowie die dazugehörigen Gefühle verändert haben. Erst wenn wir uns von der Idee verabschieden, dass die romantische Liebe eine natürliche Sache sei, die einfach so geschieht und uns ohne unser Zutun leitet, sind wir in der Lage, die Wandelbarkeit von Liebe, Nähe und intimen Beziehungen zu sehen. Erst wenn wir die *historischen und kulturellen Dimensionen* romantischer Liebe und ihrer Beziehungsform erkennen, wird es möglich, unsere Handlungsspielräume wahrzunehmen und diese auch aktiv zu nutzen, zu experimentieren, zu spielen oder zu improvisieren. Es geht darum herauszufinden, wie wir anderen Menschen nah sein wollen – und können. Es geht auch darum, welche Formen der Nähe und Liebe unter welchen gesellschaftlichen Bedingungen realisierbar sind und welche intimen Beziehungen wir unter diesen Voraussetzungen gemeinsam entwickeln.

Um unsere Alltagsperspektive auf unsere Beziehungen hinter uns zu lassen und einen neutraleren Blickwinkel einzunehmen, sollten wir Folgendes tun: Zunächst gilt es, (emotionalen) Abstand zu gewinnen von der so *zauberhaften* Welt der romantischen Liebe. Blicken wir auf das, was wir da beobachten, aus den Augen von *störenden Fremden,* die Neues entdecken und sich keine naiven Fragen zu stellen scheuen. In ihrer Einleitung zur *Soziologie der Liebe* beschreiben die Soziolog*innen Barbara Kuchler und Stefan Beher recht nüchtern: »Die Liebe muss auf den Boden der soziologischen Tatsachen zurückgeholt werden, das Pathos muss abgekratzt, der Mythos entzaubert werden.«[27] Gut möglich, dass wir dazu als Allererstes reflexhaft sagen: Wie herzlos ist das denn! Ist nicht die romantische Liebe eines der wenigen Dinge in unserer ökonomisch ausgerichteten, vernunftgesteuerten, zunehmend kalten Welt, das noch echt, warm und voller tiefer und bedeutsamer Gefühle ist!? Eine nachvollziehbare Reaktion, die sich mit der besonderen Bedeutung erklären lässt, welche wir dem romantischen Gefühl in unserer Kultur zuschreiben. Die romantische Liebe strahlt nicht nur einen übernatürlichen Zauber aus, sie ist uns im wahrsten Sinne des Wortes *heilig* geworden: Wir schweben fast engelsgleich auf »Wolke sieben« und sind im »siebten Himmel«, wenn wir uns verlieben. Etliche Popsongs besingen dieses Gefühl und skizzieren dabei himmlische Landschaften der Glückseligkeit: »We're in heaven, And love is all that I need, And I found it there in your heart, It isn't too hard to see, We're in heaven« – singt Bryan Adams in seinem bekannten Liebeslied *Heaven* und ist damit nur einer unter wohl Tausenden, die dieses popkulturelle Bild aufgreifen. Wie ist es dazu gekommen, dass wir die romantische Liebe derart in den Himmel loben?

Zauberberge des Glücks: Die Erfindung der romantischen Liebe

Das Gefühl der romantischen Liebe ist für uns nicht nur ein hohes Gut, es ist vielleicht sogar das ›Höchste der Gefühle‹. Etliche Soziolog*innen, die sich mit dem Phänomen beschäftigen, erklären dies damit, dass die romantische Liebe im Verlauf der Geschichte – und dies hängt sicherlich auch mit der zunehmenden Säkularisierung westlicher Gesellschaften und der Entwicklung des modernen Staates zusammen – einen quasi-religiösen Status erlangt hat. Dazu schreiben die beiden Soziolog*innen Ulrich Beck und Elisabeth Beck-Gernsheim in ihrem Buch *Das ganz normale Chaos der Liebe*:

> Viele reden von Liebe und Ehe wie frühere Jahrhunderte von Gott. Die Sehnsucht nach Erlösung und Zärtlichkeit, das Hickhack darum, die unwirkliche Schlagertext-Wirklichkeit in den versteckten Kammern des Begehrens – alles das hat einen Hauch von alltäglicher Religiosität, von Hoffnung auf Jenseits im Diesseits.[28]

Die romantische Liebe verspricht Heil und sie gilt deshalb heute als Quelle des absoluten Glücks: Durch die Vereinigung mit dem uns schicksalhaft vorbestimmten romantischen Gegenüber, also der Liebe unseres Lebens, erlangen wir Glück und Zufriedenheit bereits im Hier und Jetzt und nicht erst nach unserem Tod, wie Religionen gerne ihre Heilsversprechen präsentieren.

Dass die romantische Liebe menschheitsgeschichtlich noch recht jung ist, wissen dabei die Wenigsten. Genau das zeigen jedoch Studien: Erst im 18. Jahrhundert wurde die Idee der romantischen Liebe zu einer vorherrschenden Form, die sich nach und nach in allen gesellschaftlichen Schichten (in Europa) ausgebreitet hat.[29] Sie ist also keine ›natürliche‹ Sache an sich, die einfach so geschieht, weil dies beispielsweise in unsere Gene eingeschrieben ist. Es geht nicht darum zu verneinen, dass durch Hormone bestimmte biochemische oder sonstige körperliche Prozesse angeregt werden, wenn wir einem Menschen begegnen, den wir als ansprechend oder anziehend wahrnehmen. Der Blick auf diese Prozesse ist zwar auch wichtig. Relevant an dieser Stelle ist jedoch zu fragen, wie wir sie kulturell deuten. Wie wir als Menschen diese Empfindungen und Reaktionen unseres Körpers einordnen und kategorisieren, welche Namen wir diesen Abläufen geben.

Mit diesem Wissen im Hinterkopf haben wir die Zauberberge des Glücks bereits ein Stück weit entzaubert und befinden uns auf dem besten Weg, etwas weniger verklärt auf das zu blicken, was da ist. Ein erster Schritt auf diesem Weg ist, die romantische Liebe als menschengemachte Idee zu verstehen, als »soziale Erfindung«, wie es in der Forschung heißt.[30] Erfindung deshalb, weil die Gefühle, Empfindungen und Prozesse, die wir heute mit der romantischen Liebe verbinden, nicht *schon immer* auf diese Weise von Menschen interpretiert und eingeordnet wurden beziehungsweise nicht die gesellschaftliche Dominanz hatten, wie sie es heute haben. Auch wenn die Geschichte von Romeo und Julia zeigt, wie intensiv das Gefühl der Liebe zwischen zwei erwachsenen Menschen sein kann, waren diese Gefühle nicht ausschlaggebend für die Lebensplanung ganzer Generationen, sondern entscheidend waren andere Aspekte wie wirtschaftliche Absicherung, politische Allianzen, patriarchale Strukturen und so weiter.

Auch spielten Emotionen, wie wir sie heute erleben, im alltäglichen Leben vieler Menschen in anderen Gesellschaften keine so wesentliche Rolle, wie sie es heute für uns tun. Begriffe, Konzepte und Ideen, meist verbunden mit gesellschaftlichen Normen und Regeln, sind prägend für das Zusammenleben von Menschen. Und sie sind auch für die Einordnung und Organisation von Gefühlen und Empfindungen wesentlich. Sind die Schmetterlinge im Bauch, die wir spüren, wenn wir einer bestimmten Person nah sind, immer schon als etwas Positives – als Zeichen von Verliebtheit – eingeordnet worden? Nüchtern betrachtet verspüren viele Menschen ein Kribbeln oder eine wohlige Art Spannung im Bauch. Auch beschreiben viele, dass sie nichts mehr essen können in solchen Zuständen. Gesellschaftlich verknüpfen wir damit etwas Schönes, wenn der Grund für die Aufregung eine andere Person ist. Verspüren wir hingegen eine Spannung im Bauch und das Essen fällt uns schwer, weil wir gerade in einer stressigen Phase sind, interpretieren wir das Gefühl als etwas Negatives, zum Beispiel als Überlastungsanzeichen. So verschieden lesen wir die Prozesse unseres Körpers – der entscheidende Unterschied liegt lediglich im jeweiligen Blickwinkel, den wir dafür wählen.

Wie unterschiedlich sich Empfindungen gegenüber sozialen Phänomenen ausgestalten können, können wir am Beispiel des Gefühls von Ekel sehr gut nachvollziehen. Die Soziologie geht davon aus, dass wir im Laufe der Zeit über sogenannte »Zivilisationsprozesse« gelernt haben, emotionale Impulse zu kontrollieren, um uns in zunehmend differenzierten Gesellschaften entsprechend angepasster, oder eben auch ›rationaler‹, verhalten zu können.[31] Größere Siedlungen, engere Wohnverhältnisse, dichteres Zusammenleben und steigende Gefahren von Infektionskrankheiten führten dazu, dass Menschen in Europa ein anderes Empfinden gegenüber ihren körpereigenen Ausscheidungen entwickelt haben: Was bis ins 19. Jahrhundert als reinigend und gesund galt, wurde durch bestimmte gesellschaftliche Veränderungen als unhygienisch bis ekelerregend empfunden.

Auch gesellschaftlich positiv bewertete Empfindungen verändern sich im Laufe der Zeit. Erst wenn wir es so gelernt haben, interpretieren wir ein Spannungsempfinden in der Magengegend, wenn wir einer anderen Person begegnen, als »Schmetterlinge im Bauch«. Der

Begriff taucht erstmalig in dem 1908 erschienenen Roman *The House of Prayer* der US-amerikanischen Schriftstellerin Florence Converse auf und wird dort dazu verwendet, um ein Gefühl der Aufgeregtheit (in diesem Fall übrigens Lampenfieber) zu beschreiben. Erst später entwickelt sich diese Redewendung zur Beschreibung von Verliebtheitszuständen. Hingegen wurden im Mittelalter körperliche Empfindungen, die mit Liebe im Zusammenhang stehen, als etwas Lästiges eingeordnet, da die sehr intensiven Gefühle der Liebe, die häufig auch als Liebeswahn beschrieben wurden, nicht als Grundlage einer Eheschließung taugten und daher eher als hinderlich interpretiert wurden. Aus diesem Grund wurde empfohlen, diese »Tollheiten« schnellstmöglich wieder loszuwerden: Beispielsweise riet die Äbtissin Hildegard von Bingen (1098–1179) in ihrem medizinischen Werk *Physica* dazu, den Liebeswahn mit Heil-Ziest medizinisch zu behandeln, um die Betroffenen mit Heilkräutern und Gotteskraft wieder davon zu erlösen.

Ist die subjektive Einordnung bestimmter Gefühlslagen, die sich nun mal an gesellschaftlichen und kulturellen Mustern orientiert, erst einmal erfolgt, wissen wir in der Regel, meist ohne groß darüber nachzudenken, was wir in der Situation zu tun haben. Wir kennen die Handlungsabfolgen und Skripte recht genau. Beispielsweise haben sich historisch recht klare Dating-Regeln entwickelt, die je nach kulturellem Kontext unterschiedlich strikt ausfallen. Wer kennt sie nicht, die goldene Regel, dass es erst beim dritten Date angebracht ist, Sex zu haben, wollen wir zeigen, dass wir es ernst meinen. Wir müssen kaum darüber nachdenken, diese Skripte laufen einfach ab. Da sind erst einmal die Schmetterlinge im Bauch, dann kommen die vielen Dates, die das Gefühl intensivieren, und meist haben wir dabei ein klares Ziel vor Augen: Es sieht aus wie der Weg dahin, ein Liebespaar zu werden.

So läuft die Geschichte einfach. Und es ist auch der Lauf der Geschichte, dass der Ort für diese ganzen spezifischen Gefühle, die wir als Verliebtheit empfinden, heute ausgerechnet die romantische Liebesbeziehung ist. Das war, wie gesagt, nicht schon immer so, wie uns der Blick in die Vergangenheit verrät.

Ehe: von Zweckmäßigkeit zur großen Romantik

Schauen wir auf die Entstehungsgeschichte der romantischen Liebe als *die* dominante Form der Zusammenkunft zweier Menschen in der Ehe, stellen wir fest, dass sich die Vorstellung der frei wählbaren *Liebe* in Europa erst ab dem 18. Jahrhundert zunehmend ausbreitete. Dass Menschen sich selbst aussuchen konnten, wen sie heiraten wollen, war bis zu diesem Zeitpunkt eher eine Ausnahme, auch wenn das bereits vorher vorkam. Der Adel beispielsweise trennte strikt die Sphären des Ehelebens und von Leidenschaft geprägter Liebesbeziehungen, die neben der Ehe existieren konnten. In der Ehe selbst hatte »Leidenschaft keinen Platz«, merkt der Soziologe Günter Burkart in seinem Buch *Soziologie der Paarbeziehung* an.[32] Zwar kamen bereits vor dem 18. Jahrhundert Liebesehen auch in der ländlich-bäuerlichen Bevölkerung vor, so Burkart, allerdings nicht als Leitbild ganzer Gesellschaftsteile, wie es später im Bürgertum der Fall sein sollte.

Sowohl die Wahl der Ehegatt*innen als auch die Beziehung selbst waren eher nüchtern-zweckgebunden organisiert. Zwar existierten in dieser Zeit in Europa diverse Familienformen und auch Unterschiede zwischen Adels- und agrarisch-handwerklichen Familiensystemen, aber für die Mehrheit der Menschen ging es bei einer Heirat um die Gründung einer Familie. Diese galt als *der* soziale Ort für Fortpflanzung, ökonomische Sicherheit und Gewährleistung von Nahrungssicherheit. Auch im Adel diente die Ehe lange Zeit in erster Linie dem Schmieden politischer Allianzen – von Ehe aus romantischen Gefühlen heraus, wie wir sie aus der heutigen Regenbogenpresse kennen, keine Spur.

Im Zuge der Industrialisierung veränderten sich in Europa nicht nur ganze Gesellschaften maßgeblich, auch die Grundlagen der Ehe änderten sich gravierend: Ende des 18. Jahrhunderts bildete sich ein neues Ehe- und Familienideal heraus, welches durch die Trennung von Wohn- und Arbeitsstätten begünstigt wurde. Dies stieß eine bemerkenswerte Entwicklung los, denn durch diese Prozesse wurde das Familienleben zunehmend »intimisiert«: Der private Innenraum wurde relevanter, das familiäre Leben fokussierte die Kernfamilie, und innerhalb dieser Kleinstrukturen ging es zunehmend gefühlsbetonter zu.[33] In der Folge wurde es zu einem relevanten Aspekt des alltäglichen Lebens, emotionale Beziehungen innerhalb der Familien zu führen – sowohl zwischen den Ehepartner*innen als auch zwischen Eltern und Kindern. Mit der Trennung öffentlicher und privater Bereiche des Lebens veränderten sich auch die geschlechtlichen Zuständigkeiten: Frauen wurde eine neue Wesenhaftigkeit zugeschrieben, die ihre Zuständigkeit für die »Sphären des Gefühls und der häuslichen Privatheit« zementierte, wie Günther Burkart kritisch bemerkt.[34] Diese historischen Prozesse veränderten also nicht nur, wie wir über Ehe und Intimität denken, sondern zugleich die gesamte Rolle der Frau in der industrialisierten Gesellschaft.

Zunächst breitete sich das neue Eheideal in weiten Teilen des Bürgertums aus, dann in den Arbeiter*innenschichten und setzte sich mit dem Niedergang der ständisch-bäuerlichen Gesellschaft allmählich auch in anderen sozialen Schichten durch. In der ersten Hälfte des 18. Jahrhunderts wurde die Idee der bürgerlichen Ehe zwar noch häufig als »vernünftige Liebe« und nicht so sehr als romantische konzipiert, sodass sich traditionelle Anteile wie ökonomische Absicherung oder patriarchale Strukturen und moderne Elemente der Gefühlsbetonung die Waage hielten. Doch das änderte sich im weiteren historischen Verlauf. Zunehmend gewannen *individuell-psychische*

Anteile an Bedeutung. Ab hier spielt die Idee der Romantik, die wohl aus der Literatur in die gesellschaftliche Praxis überschwappte, eine wichtige Rolle.[35] Die unterschiedlichen Anforderungen an die Individuen erzeugten bereits damals Spannungen: Menschen hatten zwischen unterschiedlichen Idealen – romantisch zu lieben und vernünftig miteinander zu haushalten – zu jonglieren.

Mit der Durchsetzung der *Liebesehe*, die bis heute als Verbindung zweier Menschen verstanden wird, hat sich ein grundlegender Wandel intimer Beziehungen vollzogen: Paarbildung findet in der Regel nun nicht mehr auf Grundlage materieller Notwendigkeiten und physischer Absicherung statt, sondern aufgrund eines bedeutsamen, geteilten Gefühls: der romantischen Liebe.

Wen ich liebe, bestimme ich!
Das Individuum und die Liebe

Mit dem Übergang zur bürgerlichen Gesellschaft, den damit zusammenhängenden Umstrukturierungen des alltäglichen Lebens sowie Veränderungen familiärer und ehelicher Ideale verbreitete sich zunehmend auch die Vorstellung, dass der Mensch ein *eigenständiges Wesen* ist, das von den Zwängen des Kollektivs befreit für sich allein Entscheidungen treffen kann. Es ist die Zeit, in der die Idee des Individualismus innerhalb europäischer Gesellschaften Verbreitung findet, und diese Idee ist von besonderer Bedeutung, wie die Soziologin Eva Illouz es in ihrem Buch *Konsum der Romantik* aufschlussreich beschreibt. Die »Souveränität des Individuums gegenüber der Gruppe«, sprich, die eigenständige und freie Wahl eines Menschen unabhängig von der Gruppe, der dieser angehört, war eine wesentliche Grundbedingung, damit sich die romantische Liebe – und auch das kapitalistische System – entwickeln und durchsetzen konnte.[36]

Und das war neu: Das Ich wählt selbst aus, wen es liebt. Individuen ließen sich zunehmend von ihren Herzen leiten und trafen durchaus auch eine Wahl entgegen den Konventionen und Vorgaben der Gruppe (Familie oder Klasse), der sie angehörten. Da sich diese Form der romantischen Liebe nicht mehr von Ständen, Klassen, Gesetzen und/oder Moral in die Schranken weisen ließ, lässt sie sich durchaus als »Verschwörung gegen ›die Gesellschaft‹« deuten.[37] Romantische Liebe stellte also den Status Quo des bisherigen sozialen Miteinanders grundsätzlich infrage: Die emotionale Bindung zwischen den sich liebenden Menschen stand damit zunehmend im Fokus der Ehe, während ökonomische Sicherheit oder die Erfüllung standesgemäßer Erwartungen zunehmend in den Hintergrund gedrängt wurden. Jane Austins zu Beginn des 19. Jahrhunderts sehr erfolgreicher Roman *Stolz und Vorurteil* ist ein gutes Beispiel für diese Veränderungen: Die junge adelige Elizabeth folgt nach etlichen Schwierigkeiten und familiären Auseinandersetzungen schließlich doch

ihrem Herzen und wählt den nicht standesgemäßen Mr. Darcy, den sie am Ende des Romans auch heiratet. Dieses Prinzip bietet uns noch heute den Grundstoff des Mythos romantischer Liebe, die sich allen weltlichen Grenzen widersetzt. Ob Aschenputtel und ihr Prinz oder Meghan und Harry – wüssten wir nicht jetzt, dass es sich um ein recht junges, gesellschaftliches Phänomen handelt, könnten wir es fast als zeitlos empfinden.

Die Idee der romantischen Liebe ist also eng mit der Vorstellung des autonomen Menschen verbunden, denn die freie Wahl des Einzelnen ist Grundlage der romantischen Idee. Und weil die freie Entscheidung so zentral ist für die romantische Liebe, erfordert sie auch, dass der Mensch sich als eigenständiges Wesen versteht, unabhängig von dem Wir, dem es angehört. Diese beiden Entwicklungen – die Verbreitung der romantischen Idee sowie die des eigenständigen Menschen – gehen also Hand in Hand. Ein neues Verhältnis von Individuum und Gesellschaft entsteht und es ist, da sind sich viele Soziolog*innen einig, der Beginn der *individualisierten Gesellschaft.*

Und noch ein Aspekt ist in diesem Zusammenhang wichtig: Damit das Individuum seine Wahl treffen kann, muss es sich selbst gut kennen. Die Soziologin Ann Swidler schreibt dazu: »Liebe ist die wechselseitige Erkenntnis zweier Menschen und damit gleichzeitig auch Selbsterkenntnis.«[38] Damit meint sie: Um sich in einen anderen Menschen verlieben zu können, müssen wir wissen, *wer wir sind und was wir fühlen.* Wir müssen also Zugang haben zu unseren Gefühlen und innersten Regungen. Uns selbst gut genug kennen, um überhaupt zu merken, dass wir verliebt sind. Die romantische Idee hat also auch zu einer verstärkten Individualisierung beigetragen, weil sie das Selbst und seine Empfindungen zunehmend in den Mittelpunkt gestellt hat. Und sie erfüllt eine weitere wichtige Funktion: Durch die wechselseitige Anerkennung der sich Liebenden wird das Selbstwertgefühl der Individuen gesteigert. Eine romantische Liebesbeziehung zu führen ist also für das Individuum auch deshalb von Bedeutung, da diese Beziehung der Ort ist, an dem es als etwas sehr Besonderes anerkannt wird.

In gewisser Weise brauchen wir also das romantische Gegenüber, um uns als etwas Besonderes zu fühlen. Aus diesem Grund macht es für die meisten von uns einen Unterschied, ob eine gute Freundin uns sagt, wie toll wir sind, oder ob es die Person sagt, für die wir romantische Gefühle hegen. Vielleicht kennen Sie diese Situationen auch und Sie bemerken, dass es eine untergeordnete Rolle spielt, ob Sie Ihre Freundin bereits seit etlichen Jahren kennen und ihrem Urteil vertrauen, die Person hingegen, in die Sie verliebt sind, erst ein paar Wochen. Sagt diese Person, dass Sie toll sind, ist es meist bedeutsamer. Das ist der Kniff der romantische Liebe: Die Idee des Menschen mit seiner freien Wahl ist gesellschaftlich relevant geworden und zugleich ist die romantische Liebesbeziehung Motor zur Identitätsbildung dieses Menschen. Da ist also nun dieser andere

Mensch, durch dessen exklusive Liebe wir in die Lage versetzt werden, uns als besonders anzuerkennen. Und nur durch diesen anderen Menschen sind wir in der Lage, uns zu verändern: »Only you can make this change in me, for it's true you are my destiny« singt Elvis Presley in seinem berühmten Liebeslied *Only You*, das diese Verknüpfung verdeutlicht, diese schicksalhafte Verbindung zweier Menschen, die füreinander bestimmt sind. Liebe versetzt bekanntlich Berge.

In romantischen Liebesbeziehungen finden also all die vereinzelten Menschen wieder in Gemeinschaft: Dem Zustand der *Ein*samkeit wird die erfüllende *Zwei*samkeit entgegengesetzt – erfüllend deswegen, weil sie verspricht, dass sich mit der romantischen Liebesbeziehung auch Selbsterkenntnis und Sinnstiftung einstellen wird. Wie wir gesehen haben, ist die romantische Liebe sehr eng mit Selbstfindung und Identitätsbildung sowie Erfüllung von Nähe durch die Zweisamkeit verknüpft. »Ende gut, alles gut«, könnte man sagen, doch genau diese Verknüpfung wird für romantische Liebesbeziehungen schließlich zu einem Problem.

Es ist nicht alles Gold, was glänzt! Warum romantische Beziehungen heute scheitern

Das neue Verhältnis zwischen Individuum und Gesellschaft, die enge Verknüpfung von Identitätsstiftung und romantischen Liebesbeziehungen sowie das Versprechen, in diesen Beziehungen Erfüllung zu finden, hat unsere intimen Beziehungen grundlegend verändert. Was geschieht aber, wenn die Verheißungen so groß sind und die Erwartungen an Erfüllung weiter wachsen, wie verhalten sich

Menschen in nahen Beziehungen zueinander, wenn der Einzelne und seine Empfindungen zunehmend wichtiger wird? Schauen wir uns dazu noch einmal etwas genauer die Geschichte der Eheschließungen und die historischen Veränderungen an, die sich mit der Idee der romantischen Liebe eingestellt haben.

Soziologisch betrachtet ist die Ehe als Form des Zusammenlebens eine soziale Institution. Die wesentliche Funktionsweise einer sozialen Institution ist, das Leben von Menschen auf bestimmte Weise zu ordnen und zu regeln. Damit tragen sie zur Stabilisierung des gesellschaftlichen Zusammenhalts bei, weshalb sie so wichtig sind für das Zusammenleben von Menschen. Sie haben aber nicht nur stabilisierende Effekte, sondern auch strukturierende, indem sie das Verhalten von Menschen lenken und leiten. Nehmen wir beispielsweise die Schule, die auch eine soziale Institution ist. Hier wird Schüler*innen Wissen vermittelt, um sie vorzubereiten auf das spätere Erwachsenenleben. Es wird ihnen dabei aber auch anderes beigebracht: Schüler*innen lernen, dass sie 45 Minuten lang ruhig sitzen zu bleiben haben, dass sie nur dann reden, wenn sie auch aufgerufen wurden, und dass sie zuhören und nicht etwa schlafen, essen oder das Smartphone benutzen sollen. Sie lernen also, sich diszipliniert zu verhalten. Aber nicht nur das, sie erlernen über die Schule auch soziale Normen und Regeln: Werden beispielsweise Mädchen in Schulbüchern überwiegend so dargestellt, dass sie mit Puppen spielen, Röcke und lange Haare tragen, Jungs hingegen Fußball spielen, Hosen und kurze Haare tragen, lernen Kinder auf diese Weise, wie sie sich als Mädchen und wie sich als Jungs zu verhalten haben, was sie zu tragen haben und was nicht. Sie lernen also in der Schule auch, wie sie ihr Geschlecht darzustellen haben, was von ihnen erwartet wird und was nicht.[39] Damit hat die Schule eine strukturierende und normierende Funktion.

Soziale Institutionen erfüllen somit wichtige Funktionen im alltäglichen sozialen Miteinander: Sie regulieren, leiten und lenken das

Verhalten der Mitglieder einer Gruppe oder Gemeinschaft. Darüber hinaus machen sie individuelle Handlungsabläufe erwartbarer. Das stellt Sicherheit her und wirkt für den Einzelnen entlastend: Wenn alle beteiligten Interaktionspartner*innen wissen, welche Rolle sie in einem sozialen Gefüge einnehmen und was dann von ihnen erwartet wird, wenn sie diese oder jene Rolle einnehmen, müssen sie nicht über jeden einzelnen Schritt sowie dessen mögliche Handlungsfolgen nachdenken. Dies macht es für Menschen leichter, sich innerhalb sozialer Gefüge zu bewegen, und ungewisse Ereignisse, die einen verunsichern können, werden dadurch unwahrscheinlicher.

Dass diese Abläufe quasi wie von selbst vonstatten gehen und dafür sorgen, dass wir uns sicher im Alltag bewegen können, fällt uns meist erst dann auf, wenn diese durch irgendetwas gestört werden. Die Coronapandemie hat uns dies sehr deutlich vor Augen geführt: Plötzlich standen die Welt und mit ihr unsere Gewohnheiten kopf. Vermutlich fühlten auch Sie sich verunsichert, als es um die Frage ging, ob Sie eine gute Freundin zur Begrüßung in den Arm nehmen können, so wie Sie es sonst immer getan haben. Einfache Begrüßungsrituale wie diese funktionierten nicht mehr von selbst, was alle Beteiligten ins Stocken brachte. Oftmals war nicht klar, wie sich der weitere Ablauf gestalten und ob das alles vielleicht sogar Folgen für das Miteinander haben könnte: War Ihre Freundin traurig oder vielleicht sogar sauer, weil Sie sich gegen eine Umarmung zur Begrüßung entschieden haben? Oder fühlten Sie sich vielleicht ausgeschlossen, weil Ihre Freundin körperliche Nähe nur noch mit dem eigenen romantischen Partner geteilt hat? Veränderten diese neuen Begegnungsabläufe vielleicht Ihr Verhältnis zueinander grundlegend? Erst als wir neue Abläufe wie den Faust- oder Ellenbogencheck als Begrüßungsritual gefunden hatten, gab es für viele wieder mehr Sicherheit im alltäglichen Miteinander.

Kommen wir zurück zum Wandel der Ehe. In den letzten Jahrhunderten hat sich diese Institution stark verändert, und dies hat, wie wir gesehen haben, mit den veränderten gesellschaftlichen Rahmenbedingungen zu tun. Was sich im Zuge dessen auch verändert hat, sind die Erwartungshaltungen der Beteiligten: Gingen Menschen vorindustrieller Gesellschaften noch davon aus, mit einer Heirat in Zukunft materiell und physisch abgesichert zu sein, steht mit der Liebesehe das Gefühlsleben der Ehepartner*innen und deren geteilte romantische Liebe im Mittelpunkt des ehelichen Lebens – auch wenn ökonomische oder andere Aspekte dadurch nicht unwichtig geworden sind. Geheiratet wird seither in der Regel aus Liebe. Und weil es das romantische Versprechen ist, durch eine romantische Liebesbeziehung ein erfülltes und sinnstiftendes Leben zu erlangen, erwarten Menschen mit dem Eingehen einer Liebesehe, dass sich durch diese Verbindung genau jener Zustand einstellen wird: Sie erlangen emotionales Glück und persönliche Zufriedenheit durch die romantische Liebesbeziehung, wie sie sich seit dem Erscheinen des romantischen Ideals ab dem 18. Jahrhundert verfestigt hat.

Allerdings werden die ›Versprechungen der Liebesreligion‹ in der Praxis häufig nicht eingehalten: Viele Menschen erleben heute eher Instabilität und Unsicherheit innerhalb romantischer Liebesbeziehungen. Oder sie haben im Verlauf ihrer Biografie bereits wiederholt erlebt, dass ihre romantischen Liebesbeziehungen immer wieder scheitern.[40] Es ist die Kehrseite der freien Wahl, denn wenn wir uns aus freien Stücken für einen Menschen entscheiden können, mit dem wir unsere Zweisamkeit und das damit verbundene Liebesglück realisieren wollen, bedeutet dies in der Folge auch, dass wir oder die Person, die wir lieben, die Möglichkeit haben, uns jederzeit aus dieser Zweisamkeit zu lösen. Das ist der Preis der Freiheit, den wir zu zahlen haben und der dazu führt, dass die Gewissheiten, die Menschen zuvor mit einer Heirat beziehungsweise Partnerschaft allgemein verbunden haben, heute nicht mehr auf diese Weise gewährleistet sind.

Sei du selbst!

Es ist immer wieder schmerzhaft, wenn wir erleben, dass unsere romantischen Liebesbeziehungen ein Ende nehmen. Und das obwohl sich die meisten von uns wohl jedes Mal aufs Neue denken, »diesmal hält es!« Gemeinsam mit dem Menschen, den man liebt, alt werden, das wünschen sich viele. Die Wirklichkeit hingegen lehrt uns etwas anderes: Scheidungen, Trennungen, Zerwürfnisse sind an der Tagesordnung und die Gewissheiten, dass wir mit dem Menschen, den wir kennen und lieben gelernt haben, auch in ferner Zukunft zusammen sein werden, haben sich aufgelöst. Liegt es vielleicht daran, dass wir heute alle Bindungsängste haben oder beziehungsunfähig sind? Sicherlich spielen individuelle Gründe beziehungsweise Persönlichkeitsstrukturen eine Rolle, keine Frage, doch sich verschiebende gesellschaftliche Strukturen bei Beantwortung der Frage komplett auszuschließen, wäre schlicht unterkomplex.

Schauen wir uns diese Veränderungen genauer an, sehen wir, dass romantische Liebesbeziehungen heute auch deshalb scheitern, weil sich Rahmenbedingungen, Strukturen sowie Qualitäten dieser Beziehungsform grundlegend verändert haben: Das Verhältnis von Individuum und Gesellschaft hat sich seit den Anfängen der romantischen Revolution generalüberholt. Durch das Erstarken der Idee des Individualismus kam es zu gravierenden Veränderungen der Art, wie unsere intimen Beziehungen funktionieren. Einige gehen in Hinblick auf diesen Kulturwandel sogar so weit zu sagen, es gehe dabei im Kern um die Veränderungen dessen, wie wir uns als Menschen verstehen.[41] Denn wie sieht unser Selbstverständnis als Menschen heute aus? Wohl den meisten kommen dabei sofort Bilder eines selbstständigen, flexiblen, ungebundenen, möglichst mobilen und auf sich fokussierten Selbst auf. Dieses Selbst muss heute immer in der Lage zu sein, sich den äußeren Bedingungen schnellstmöglich anzupassen, aber zugleich die eigenen Ziele nicht aus dem

Blick zu verlieren. »Sei du selbst und geh deinen Weg«, ertönt es von überall. Dies sind die wesentlichen *An*forderungen und *Auf*forderungen, die wir als Individuum zu erfüllen haben. Diesen stehen die Fähigkeiten und Bedürfnisse, sich dauerhaft auf andere Menschen einzulassen und sich an diese zu binden, durchaus im Weg – und das im wahrsten Sinne des Wortes: Der Mensch, an den wir uns binden wollen, den wir lieben und mit dem wir so vieles teilen, kann uns an einem bestimmten Punkt in unserem Leben im Wege stehen. Er kann uns darin behindern, unseren Weg zu finden – den Weg, der uns zur Selbstverwirklichung und Selbsterfüllung führen wird.

Die romantische Idee hat kurz gesagt erheblich dazu beigetragen, dass wir uns als Individuen mit eigenständigen Gefühlen und Bedürfnissen verstehen, unabhängig von der Gruppe, der wir angehören. Zugleich sind wir immer noch Teil von Gruppen und Gemeinschaften. Und weil wir soziale Wesen sind, die nicht völlig auf sich allein gestellt existieren können, wollen wir das auch sein. Einzelne Menschen müssen heute also stets zwischen individuellen und sozialen An- und Aufforderungen navigieren, auch wenn diese in einem Widerspruch zueinander stehen. Was machen wir beispielsweise, wenn unsere Freund*innen beschließen, dass das nächste gemeinsame Treffen an einem Tag stattfindet, an dem wir eigentlich etwas anderes machen wollten? Wir müssen uns entscheiden: Entweder den Anforderungen der Gruppe genügen, denn schließlich sehen wir unsere Freund*innen nicht so oft und ein Erscheinen wird von den anderen erwartet, oder wir verfolgen weiterhin unser eigenes Ziel und gehen zum Beispiel allein ins Kino, gefährden damit aber möglicherweise das Verhältnis zu den anderen. Wir alle befinden uns immer wieder in Spannungsverhältnissen dieser Art und haben die Aufgabe, eine Balance zu finden zwischen dem Ich und dem Wir, dem wir angehören (wollen). Und es können zugleich mehrere Wir sein – das Paar, die Familie, die Freund*innen, der Sportverein oder ähnliches – zwischen denen wir zu balancieren haben.

Es sind diese widersprüchlichen Anforderungen, die uns teilweise auch zur Verzweiflung bringen können und die uns immer wieder mit der Frage konfrontieren, wie es gelingen kann, wir selbst zu sein und uns zu verwirklichen und zugleich in nahen und verbindlichen Beziehungen zu sein. Wie lässt sich dieses Spannungsverhältnis auflösen? Und lässt es sich überhaupt auflösen? Wie entscheiden wir beispielsweise, wenn wir gern für unsere Liebsten da sein möchten oder ein nahestehender Mensch unsere Unterstützung, Zuwendung oder anderes benötigt? Was ist, wenn wir eigene Vorhaben und Ziele deshalb nicht verfolgen können oder diese gar ganz aufgeben müssten? Diese Spannungsverhältnisse zwischen unterschiedlichen, aber sehr grundlegenden Bedürfnissen machen es dem Einzelnen heute schwer. Für was entscheiden wir uns in welcher Situation? Für die Selbstverwirklichung oder das Bedürfnis, mit anderen zusammen zu sein?

Die Antworten, die Menschen auf diese Fragen finden müssen, sind stark beeinflusst von Faktoren wie Alter, sozialer Klassenzugehörigkeit, Herkunft oder Geschlecht. Gesellschaftlichen Erwartungshaltungen zu genügen ist beispielsweise geschlechtlich sehr unterschiedlich organisiert: Nach wie vor wird es eher von Frauen als von Männern erwartet, sich um andere zu sorgen, während das Bestreben, sich selbst zu verwirklichen, eher Männern als Frauen zugestanden wird. Es wird also wenig überraschen, dass gesellschaftlich unterschiedlich organisierte Erwartungshaltungen ganz erhebliche Auswirkungen auf persönliche Entscheidungen haben.

Da sowohl die Bindung an andere als auch die persönliche Selbstentfaltung grundlegende Anforderungen gegenwärtiger Individualität sind, kann dies besonders problematisch in einer romantischen Liebesbeziehung werden: Sie ist der soziale Ort, der tiefe Verbundenheit sowie persönliche Entfaltung direkt miteinander vereint und zur Voraussetzung macht. Das Spannungsverhältnis, das unsere romantischen Beziehungen belastet, ist also eines, welches die Idee der romantischen Liebe selbst erzeugt hat.

Willkommen im Zeitalter der seriellen Romantik

Für die romantische Liebe ist es eine Grundvoraussetzung, dass wir uns selbst sehr gut kennen und uns unserer innersten Regungen und Prozesse bewusst sind. Schließlich müssen wir *wissen*, dass wir tiefe Gefühle für eine bestimmte Person entwickelt haben. Das bedeutet auch, dass wir uns immer wieder damit auseinanderzusetzen haben, welche Prozesse in uns vorgehen: Wie ist es mir ergangen, als ich Person XY neulich getroffen haben? Wie habe ich mich gefühlt? Was habe ich mir gewünscht? Wonach sehne ich mich? Fragen dieser Art begleiten uns heute ständig, wenn wir den Eindruck haben, wir finden eine andere Person interessant bis ansprechend. Und es geschieht fast schon automatisch. Diverse Ratgeber erinnern uns auch immer wieder daran, dass es eine wesentliche Aufgabe heutiger Individuen ist, genau dies zu tun, um überhaupt in der Lage zu sein, zu verstehen, wer wir sind und was uns ausmacht.[42]

Dass wir uns als Wesen mit eigenständiger Identität begreifen und immer wieder prüfen, wie es uns geht, was wir fühlen, ist wie gesagt Voraussetzung und Problem für romantische Liebesbeziehungen zugleich: Schließlich ist es recht wahrscheinlich, dass eine dauerhafte Bindung an eine Person den eigenen Bestrebungen zur Selbstentfaltung und Selbstverwirklichung irgendwann eventuell sogar beiderseitig im Wege stehen wird. Vielleicht waren wir selbst sogar schon einmal an dem Punkt, an dem wir uns gefragt haben, ob unsere Partner*innen uns in unserer persönlichen Entwicklung behindern. Und vielleicht stand damit verbunden auch bereits die Frage im Raum, ob es nicht besser für einen selbst wäre, sich zu trennen.

Bei einer Trennung spielen sicherlich auch noch andere Faktoren wie gemeinsame Kinder, falls es die gibt, oder das gemeinsame Zuhause eine Rolle, doch letztlich geht es heute vor allem darum, wie wir uns fühlen. Es geht darum, wie es uns in einer romantischen Liebesbeziehung geht und ob diese Beziehung noch das Potenzial in sich trägt, dass wir uns weiterentwickeln können. Thomas Meyer, der Autor des Buches *Trennt Euch!*, riet in einem Interview: »Es geht nicht darum, wie Sie für jemanden empfinden. Es zählt einzig, wie Sie *mit ihm* empfinden.«[43] Wenn wir uns in einer romantischen Liebesbeziehung nicht mehr gut miteinander fühlen, so die heutige Überzeugung, ist es besser, sich zu trennen, selbst wenn wir noch Liebe verspüren. Denn es gehe nicht darum, etwas passend zu machen, sondern darum, dass sich zwei Persönlichkeiten finden, die wirklich zueinander passen, so Meyer. Eine ganze Reihe von Selbsthilfebüchern betonen mittlerweile die Potenziale, die in Trennungen liegen: Möglicherweise werden erst dann Chancen freigesetzt, sich selbst weiterzuentwickeln, sich um sich zu kümmern und das eigene Leben wieder vermehrt in den Blick zu nehmen.[44] Romantische Liebesbeziehungen, die dauerhaft unglücklich machen, haben keine Zukunft, heißt es in diesen Ratgebern.

Hier wird deutlich, dass sich der Fokus weiter verändert hat. Im Zentrum romantischer Liebesbeziehungen stehen nicht mehr die tiefen Gefühle, die Menschen füreinander haben, sondern das Selbst und dessen Wachstumsmöglichkeiten, Zufriedenheit und Glück. Die Gefühle für den anderen Menschen sind insofern relevant, als sie für den Beginn der Partnerschaft ausschlaggebend sind. Doch innerhalb romantischer Liebesbeziehungen treten sie zunehmend in den Hintergrund, wenn das Wir keinen Raum für das Ich und seine individuellen Entwicklungen lässt und der Zuwachs an persönlichem Glück und Zufriedenheit gefährdet ist. Hören wir nicht auf unser

Herz, heißt es heute, trauen wir nicht unseren Gefühlen, gehen wir lieber unseren eigenen Weg.

Es ist ein Dilemma, in dem wir gegenwärtig feststecken. Wenn wir uns in romantischen Liebesbeziehungen befinden, sind wir einerseits auf diesen besonderen Menschen angewiesen, weil gerade dieser unsere ganz spezifische Einzigartigkeit anerkennt und die romantische Zweisamkeit uns persönliches Glück und Zufriedenheit verspricht. Anderseits ist es genau dieses Ziel – persönliches Glück und Zufriedenheit zu erlangen –, welches es sehr wahrscheinlich macht, dass genau jener Mensch, den wir lieben, zu einem Hindernis wird auf unserem Weg zur Selbstentfaltung. Und ich denke, dies ist einer der Hauptgründe, warum wir uns heute in einem *Zeitalter der seriellen Romantik* befinden: Wir verlieben uns in eine Person, gehen im besten Falle eine romantische Liebesbeziehung mit diesem Menschen ein, richten dann unser gesamtes Leben aneinander aus und trennen uns schließlich nach gewisser Zeit wieder, weil es nicht (mehr) passt oder weil wir unterschiedliche Wege gegangen sind oder weil es einen anderen Menschen gibt, der besser zu uns passt und mit dem wir uns besser selbstverwirklichen können. Und dann geht die Geschichte von vorne los. Die Serialität romantischer Liebesbeziehungen ist zur neuen Normalität geworden.

Werden also die Wege, die wir gemeinsam mit unseren romantischen Partner*innen gehen, immer kürzer? Und was bedeutet dies für unser zu erwartendes Glück? Wenn uns allen zunehmend bewusster wird, dass das große Liebesglück nicht ewig hält, wenn wir seine Endlichkeit und Kürze immer deutlicher am eigenen Leib zu spüren bekommen, müssen wir uns der Frage stellen, was dann noch bleibt von den großen Versprechungen der romantischen Liebe. Das gilt besonders in Zeiten, in denen die technischen Möglichkeiten, etwas Besseres, ›jemand Besseren‹ zu finden, präsenter sind denn je. Sind dies alles Zeichen dafür, dass wir in einer lieblosen Zeit angekommen sind, wie manche Autor*innen behaupten? Können wir anderen Menschen heute überhaupt nah sein, wenn uns diese irgendwann im Weg stehen, wir selbst zu sein? Wir sollten also herausfinden, ob wir noch fähig sind, nahe und herzliche Beziehungen einzugehen.

Was bleibt uns vom Zauber der romantischen Liebe?

Es sind schwere Zeiten für die Liebe, das zeigen uns auch die statistischen Daten, die es dazu gibt. Der gesellschaftliche Trend ist recht deutlich: In Europa steigen die Scheidungsraten jährlich, während die Zahl der Eheschließungen kontinuierlich sinkt.[45] Auch wenn manche hier aktuell eine Kehrtwende zu erkennen meinen, da es in den letzten Jahren wieder zu einem leichten Anstieg der Eheschließungen gekommen ist, verrät der Blick auf die statistische Entwicklung: Im Jahr 1950 wurden noch 750 452 Ehen geschlossen, während im Jahr 2021 nur 357799 Eheschließungen verzeichnet wurden.[46] Historisch betrachtet heiraten also immer weniger Menschen und diejenigen, die sich für eine Ehe entscheiden, tun dies erst in einer späteren Lebensphase, haben weniger Kinder und lassen sich eher wieder scheiden.

Dies mag auch daran liegen, dass Heiraten heute *eine* Option unter vielen ist und kaum noch ein Muss wie noch vor einigen Generationen. Gesellschaftliche Sanktionen sind zum größten Teil entfallen, auch wenn die Ehe beispielsweise von Gesetzgeber*innen immer noch bevorteilt wird und Eheleute steuerliche und andere rechtliche Vorteile genießen, die Paaren in nicht-institutionalisierten Beziehungsformen verwehrt bleiben. Um sich heute dauerhaft an einen anderen Menschen romantisch zu binden, müssen wir nicht mehr heiraten. Wir können selbst bestimmen, ob wir und dieser andere

Mensch ein romantisches Liebespaar sein wollen, ganz unabhängig von den mächtigen Institutionen der Vergangenheit, dem Staat, der Kirche oder der Familie – zumindest in der Regel.

Über die weniger institutionalisierten Formen romantischer Liebesbeziehungen ist wissenschaftlich wenig bekannt, sodass auch die Datenlage über das Beziehungsleben jenseits der Ehe noch relativ überschaubar ist. Vereinzelte Untersuchungen lassen aber durchaus Rückschlüsse darauf zu, dass nicht allein die Ehen kürzer und weniger werden, sondern dass sich Menschen heute auch über alle Beziehungsformen hinweg ganz allgemein in immer kürzeren Beziehungsphasen mit unterschiedlichen Partner*innen wiederfinden. Die Ergebnisse einer Studie des Hamburger Instituts für Sexualforschung aus dem Jahr 2002 beispielsweise zeigen deutlich den Wandel hin zu dieser Serialität romantischer Liebesbeziehungen.[47] Die Forschenden haben das Beziehungsleben von 30-, 45- und 60-jährigen Menschen, die zum Zeitpunkt der Erhebung in Hamburg und Leipzig lebten, genauer untersucht und kommen zu dem Ergebnis: Die 30-Jährigen haben in ihrem Leben bereits mehr romantische Liebesbeziehungen erlebt – und damit auch mehr Trennungen – als die 60-jährigen Proband*innen der Studie, obwohl letztere bereits doppelt so alt sind und damit über mehr Lebenszeit verfügen. Es gehört also zur Biografie junger Menschen, bereits vielfältige Erfahrungen mit unterschiedlichen Menschen gemacht zu haben. Und es scheint auch zu den Erfahrungen junger Menschen zu gehören, dass die romantischen Liebesbeziehungen, die sie eingehen, nicht von Dauer sind – auch wenn ihnen anderes erzählt wird durch Serien, Filme und andere Medien und auch wenn sie sich anderes wünschen.

Was bleibt dann noch, wenn wir eigentlich wissen, dass die romantischen Liebesbeziehungen, die wir führen, endlich sind, nicht das erfüllen, was sie eigentlich sollen – uns glücklich und zufrieden zu machen –, und die romantischen Partner*innen kommen und gehen? Gegenwärtig sind hier Rettungsversuche zu beobachten, die es Menschen in romantischen Liebesbeziehungen ermöglichen sollen, sich selbst auszuleben und dennoch in einer verbindlichen Partnerschaft zu bleiben. Interessanterweise betrifft dieses Ausleben vor allem die sexuelle Ebene und viele wollen nach wie vor Sex und Liebe getrennt wissen. Sex haben mit anderen ja, tiefe romantische Gefühle entwickeln auf keinen Fall, heißt es da. Einige Menschen sind bereit, einen Schritt weiterzugehen. Sie lieben mehrere Menschen gleichzeitig und finden Formen der Integration dieser romantischen Mehrfachbeziehungen: Polyamorie wird heute immer offener praktiziert und seitdem sich dieses Phänomen im Mainstream einen Namen gemacht hat, scheint es auch an Beliebtheit zu gewinnen. Und wiederum andere entscheiden sich ganz bewusst für das Alleinsein. Sprich, für ein Leben ohne romantische Partner*in. Auch dies ist für einige eine interessante Alternative geworden. Dennoch bleibt dabei eines festzustellen: All diese Rettungsversuche orientieren sich am Ideal der romantischen Liebe. Und ebendieses romantische Ideal ist stets Ausgangspunkt für andere Perspektiven und Praktiken. Wir könnten zum Beispiel auch fragen: Sind Menschen, die nicht in einer romantischen Liebesbeziehung sind, wirklich allein? Ist da wirklich niemand anderes, oder einfach nur keine romantische Partner*in? Vielleicht gibt es in diesem Fall ja sehr wichtige Freundschaften oder andere nahe Beziehungen, die stützen, halten und bedeutsam sind. Doch wir stellen diese Fragen nicht. Stattdessen machen wir genau jene Beziehungen zum Ausgangspunkt all unserer Überlegungen und Experimente, wie wir anderen Menschen nah sein können. Man könnte fast meinen, wir gingen mit Scheuklappen durch die Welt – stets bemüht, in jeder Form zwischenmenschlicher Beziehungen einen Funken Romantik zu finden, und alles ausblendend, was unser Bedürfnis nach Nähe hinterfragt. Ist es nicht Zeit für einen Perspektivwechsel?

Auflockerungsversuche: offene Beziehungen und Co.

Bleiben wir zunächst noch bei dem Status Quo: Romantische Liebesbeziehungen sind nach wie vor die bedeutsamsten intimen Beziehungen in unserer Gesellschaft. In allen wissenschaftlichen Interviews und den vielen Gesprächen, die ich zum Thema Intimität, Beziehungen und Dating geführt habe, ist eines immer sehr präsent: der Wunsch nach einer verbindlichen romantischen Liebesbeziehung. Zwei Dinge fallen dabei jedoch auch auf: Zum einen sind sich auch die meisten nicht darüber im Klaren, was das genau sein kann und wie sie diese romantischen Liebesbeziehungen gestalten wollen. Zum anderen sind sich die meisten außerdem bewusst, wie schwierig es ist, eine romantische Liebesbeziehung auf Dauer zu führen. Aus diesen Gründen denken immer mehr Menschen offen über Alternativen nach und fragen sich, wie es möglich ist, beides zu haben: in einer verbindlichen Liebesbeziehung zu sein und sich selbst verwirklichen zu können – und meist geht es dabei um die sexuelle Selbstverwirklichung.

Gesellschaftlich ist es heute akzeptierter denn je, dass sich Menschen auch innerhalb verbindlicher romantischer Liebesbeziehungen selbst verwirklichen können: Menschen reisen heute trotz Partnerschaft allein um die Welt oder ziehen für einen neuen Job in andere Städte, auch wenn dies für die Partnerschaft eine große Veränderung mit sich bringt. Anders als früher verbringen wir unsere Freizeit mittlerweile häufiger mit Freund*innen statt mit Partner*innen, auch wenn damit weniger Zeit für die Partnerschaft bleibt. Was hingegen immer noch zu den großen Herausforderungen romantischer Liebesbeziehungen gehört, ist die sexuelle Selbstverwirklichung: Der Umgang mit erotischen ›Abenteuern‹ außerhalb romantischer Liebesbeziehungen bleibt nach wie vor problematisch. Ein Grund dafür könnte sein, dass der sexuelle Treueanspruch Teil des romantischen Ideals ist. Es könnte aber auch sein, dass wir hier gerade eine große Veränderung miterleben.

Über offen-romantische Liebesbeziehungen und Polyamorie[48] – also die Vielfach-Liebe – wird zunehmend öffentlich gesprochen. In der Zeitschrift *Elle* beispielsweise berichtet eine Frau – die allerdings namentlich nicht genannt werden möchte, was deutlich macht, dass das Thema nach wie vor tabuisiert ist – im Sommer 2022 über die Erfahrungen mit ihrer offenen Ehe: Jahrelang habe sie sich gefragt, ob etwas mit ihr nicht stimme, denn obwohl sie sich in einer, wie sie sagt, »tollen Ehe« befinde, verspüre sie immer wieder Lust, mit anderen Männern Sex haben zu wollen. Ein konkreter Anlass brachte sie schließlich doch dazu, ihren Ehemann mit ihren Wünschen und Bedürfnissen zu konfrontieren, denn nach 17 Jahren Ehe hatte sie sich »fremdverknallt«, in ihren Volleyballtrainer. Sie hatte weder vor, ihren Mann zu verlassen noch diesen hinter seinem Rücken zu betrügen. Aber eines sei auch klar gewesen, wie sie schreibt: »Was ich aber schon will – und zwar so sehr wie ein großes Stück Sahnetorte, von dem man weiß, dass es sehr viele Kalorien hat und trotzdem genießt man es –, ist das Spiel. Das Feuer. Der ewige Reiz des Neuen …« In der Auseinandersetzung mit diesen Fragen stieß sie zufällig auf Friedemann Karigs Titel *Wie wir lieben*, was den Stein schließlich ins Rollen gebracht habe: »Ich unterstrich fast jeden Satz darin und bat meinen Mann schließlich, es zu lesen. Nach vielen intensiven Gesprächen und ersten Ideen erklärte er sich bereit, das Experiment zu wagen.« Und heute sind beide glücklich mit dem Experiment offene Ehe.[49]

Karigs Buch, das den Untertitel *Vom Ende der Monogamie* trägt, gilt im deutschsprachigen Raum mittlerweile als so etwas wie das Standardwerk für romantische Liebesbeziehungen, die nicht monogam ausgestaltet werden. Neben einer grundsätzlichen Übersicht zum Thema Nicht-Monogamie greift das Buch Anekdoten von polyamorösen und anderen nicht-monogamen Experimenten und Konzepten auf, um zu beschreiben, wie Menschen sich in ihrer Liebespraxis weg von der Monogamie hin zu etwas Neuem und Offenen bewegt haben. Was genau ist *offen*, werden Sie sich vielleicht fragen. Es lassen sich hier durchaus unterschiedliche Ansätze finden, Karig selbst fasst es am Ende seines Buches folgendermaßen zusammen: »Offen bedeutet, dass die Form der Beziehung, ihre Regeln und Absprachen den eigenen Wünschen und den Menschen, die damit leben, angepasst werden.«[50] Er möchte, so der Eindruck, andere Geschichten erzählen als die klassischen Liebes*geschichten* es tun, um Menschen Alternativen an die Hand zu geben. Die Frau aus der *Elle* scheint davon profitiert zu haben: Möglicherweise hat sie in der Reflexion gemerkt, dass es nicht merkwürdig ist, wenn sie trotz glücklicher Liebesehe den Wunsch verspürt, mit mehr als einem Menschen Sex zu haben. Und das ist vielleicht auch etwas, das Karig will: zeigen, dass nicht-monogame Liebesbeziehungen ebenso ihre Berechtigung und Grund zur gesellschaftlichen Anerkennung haben wie monogame.

Dass wir gesellschaftlich offener geworden sind, über diese Formen nachzudenken, ist zwar ein wichtiger Schritt, aber unterschlägt dabei, dass die Monogamie nach wie vor die gesellschaftlich bestimmende Norm ist. Das lässt sich gut demonstrieren am Beispiel der Suche nach Partner*innen: Menschen, die daten und nicht monogam leben wollen, betonen in der Regel, dass sie *nicht-monogam* sind, um Missverständnisse zu vermeiden. Sie müssen die Abweichung von der Norm entsprechend aufzeigen, um transparent zu sein und zu zeigen, »ich mache das anders«. Menschen hingegen, die monogam sind und Partner*innen suchen, heben dies in der Regel nicht explizit hervor, weil die meisten eben davon ausgehen, dass monogam zu sein nun mal ›normal‹ ist. Dies zeigt die Wirkmächtigkeit dieser Norm. Hier erzeugen bestimmte Machtmechanismen dominante Muster: beispielsweise dann, wenn die Mehrheit stillschweigend davon ausgeht, dass alle anderen auch monogam leben wollen. Ebenso dann, wenn in Geschichten andere Formen romantischer Liebesbeziehungen keine Erwähnung finden. Diese dominanten Muster lassen in der Folge das romantisch-monogame Liebespaar als einzig legitime Liebespraxis erscheinen. In der Forschung spricht man aus diesem Grund von *Mononormativität*: Das romantisch-monogame Liebespaar ist historisch als Ideal in Erscheinung getreten und gesellschaftlich zu einer »in der ›Natur‹ fundierten Institution« geworden, die heute kaum noch hinterfragt wird.[51] Wir gehen im Allgemeinen davon aus, dass ›natürlich alle monogam‹ sind – und diese Aussage lässt kaum zu, das idealisierte Format des romantisch-monogamen Liebespaars zu hinterfragen.

Interessanterweise lässt sich aktuell jedoch etwas beobachten, das zu einer Aufweichung der Mononormativität führen könnte: Nicht wenige Dating-Apps haben mittlerweile Funktionen aufgenommen, die zulassen, dass Nutzer*innen ihre Suchergebnisse nach verschiedenen Arten von Sexualitäten, Geschlechtern, Identitäten, Vorlieben, Präferenzen filtern können. So kann unter anderem auch angegeben werden, ob zum Beispiel monogame Verbindungen gesucht werden oder andere. Bei manchen Apps sind diese Differenzierungen sogar Voraussetzung der Nutzung. Diese Konfrontation – so könnte man es fast nennen – mit Diversität, die den Nutzer*innen durch das Abfragen der persönlichen Vorlieben vor Augen geführt wird, kann dazu führen, dass diese anfangen, ihre eigene Liebespraxis zu hinterfragen. Es kann dazu führen, dass ihnen erstmalig offenbar wird, dass es noch andere Möglichkeiten gibt, mit anderen Menschen intim zu sein. Ob diese Entwicklung ein emanzipatorisches Potenzial in sich trägt und zu neuen Formen von Identität(en) und auch Gemeinschaftlichkeit beitragen kann oder eher eine neoliberale, konsumistische Individualisierung verstärkt, ist offen. Recht wahrscheinlich ist, dass diese Entwicklung beides in sich trägt und neue Spannungsverhältnisse erzeugen wird, die wir als Individuen und als Gemeinschaft erst noch zu bewältigen haben.

Die Ambivalenz zwischen Bindung und Autonomie wird sich auch durch nicht-monogame Liebesbeziehungen nicht ganz auflösen. Die Suche nach Möglichkeiten sexueller und auch romantischer Selbstverwirklichung in nicht-monogamen Liebesbeziehungen ist aber sicher ein erster Versuch, dieses Spannungsverhältnis zu entzerren. Und es gibt Geschichten, die zeigen, dass genau das gelingen kann. Es gibt aber auch Geschichten, die etwas anderes zeigen. In einem Beitrag des populären Podcasts *Modern Love* der New York Times (der übrigens sehr zu empfehlen ist!) beispielsweise erzählt eine junge Frau ihre persönliche Geschichte.[52] Sie berichtet von ihrer Reise hin zur Polyamorie und beschreibt dabei einen langwierigen Prozess, den sie schließlich ohne ihren damaligen Partner vollzogen habe. Lange Zeit habe sie der Wunsch nach einer »offenen Beziehung« begleitet und die Auseinandersetzung mit sich selbst und den Fragen, wen sie wie begehren und lieben will, hat sie zu der Erkenntnis gebracht, dass sie ein eigenständiges sexuelles *und* romantisches Selbst sei, und sich in ihrer monogamen Partnerschaft zu sehr eingeschränkt fühle. Es sei dann irgendwann schwierig geworden, in der romantischen Liebesbeziehung zu verbleiben, weil diese anderen Regeln gefolgt sei als die junge Frau sich gewünscht habe. Diese Entwicklung führte schließlich zu einer Trennung, aber nicht zum Abbruch des Kontakts zu ihrem ehemaligen Partner. Gemeinsam ist es ihnen gelungen, eine neue Form intimer Beziehung aufzubauen mit dem Ergebnis, dass sie weiterhin in einem engen, regelmäßigen und bedeutsamen Kontakt stehen.

Um sich heute selbst – vor allem sexuell – verwirklichen zu können kann die Öffnung einer monogam-romantischen Liebesbeziehungen eine Möglichkeit sein. Es kann gelingen, die Form der romantischen Liebesbeziehung zu verändern, ohne dass es zu einem Bruch kommen muss. Es kann aber auch das Ende dieser Beziehungsform für das Paar bedeuten: Weil sich zum Beispiel Selbstverwirklichungswünsche nicht in der Partnerschaft umsetzen lassen oder weil zwei, oder mehr, Menschen in der Liebesbeziehung sehr unterschiedliche Regeln verfolgen wollen. Die einen wollen vielleicht nur Sex mit anderen, die anderen auch Verliebtheitszustände, die die neuen Begegnungen auslösen können. So wie die junge Frau, die in dem Podcast ihre Geschichte erzählt, es für sich erkannt hat in der Auseinandersetzung mit ihren Wünschen, Bedürfnissen und Sehnsüchten. Sie wollte eigenständig sein und sich sowohl sexuell als auch romantisch nicht mehr einschränken lassen. Weder von ihrem Partner noch ihrer Partnerschaft als Ganzem. In einer solchen Situation kann es schwierig sein, die romantische Liebesbeziehung aufrechtzuerhalten. Nur muss eine Trennung nicht unbedingt das Ende der Intimität zwischen diesen Menschen bedeuten: So wie bei der Frau und ihrem Partner lassen sich intime Beziehungen transformieren und andere Formen der Verbundenheit finden. Wie die Geschichte, die uns im Podcast erzählt wird, weitergeht, welchen Weg die junge Frau findet, ihren Wünschen, Bedürfnissen und

Sehnsüchten gerecht zu werden, wissen wir an dieser Stelle nicht. Vielleicht findet sie Menschen, mit denen sie sich romantisch verbunden fühlt und zugleich die Freiheit hat, weiter ihren eigenen Weg zu gehen. Vielleicht kommt auch kein neues romantisches Gegenüber ins Spiel, mit dem (oder denen) sie dies verwirklichen kann. Bleibt sie dann allein, ›gefangen im Singledasein‹, weil sie sich nicht den gesellschaftlichen Konventionen fügen will?

Alleinsein ist auch (k)eine Lösung

Bei allen unterschiedlichen Auffassungen, die wir in Bezug auf Beziehungsformen gesellschaftlich erleben, herrscht zumindest in Bezug auf eine Gruppe Konsens: Singles. Oft ist der gesellschaftliche Blick auf diese Gruppe – beziehungsweise diesen Zustand – ein mitleidiger. So hören Menschen, die sich in keiner romantischen Liebesbeziehung befinden, durchaus Sätze wie: »Der oder die Richtige kommt schon noch!«. Manchmal bekommen sie auch zu hören: »Du bist eben auch zu anspruchsvoll!« Es scheint so, als wäre es das größte Ziel im Leben, den oder die Richtige zu finden, und wenn einem das nicht gelingt, ist man gescheitert. Das Singledasein gilt also als Zustand, der schnellstmöglich wieder überwunden werden sollte, denn die Partnerschaft verspricht ja so viel Glück und Zufriedenheit in der romantischen Zweisamkeit. Und so sind viele Menschen, die in keiner romantischen Liebesbeziehung sind, auf der Suche nach einer zukünftigen Partner*in. In der Wissenschaft wird deshalb auch zunehmend der Begriff *searcher* verwendet, weil Singles eben *Suchende* sind: Sie sind auf der Suche nach einer neuen romantischen Liebesbeziehung.[53]

Aber was ist, wenn Menschen an einen Punkt kommen, an dem sie feststellen, dass das alles nichts für sie ist? Weil sie immer wieder ähnlich verlaufende intime Beziehungen erlebt haben, die am Ende nur Schmerz, Verlust, Trauer mit sich gebracht haben. Was ist, wenn nach der letzten Trennung einfach niemand mehr kommt, Menschen vielleicht nicht mal mehr suchen, weil sie müde sind von den gleichen Abläufen? Vielleicht haben Sie auch schon alternative Beziehungsformen ausprobiert und experimentiert, haben dennoch nicht das für Sie Passende gefunden. Vielleicht sind Sie selbst schon an dem Punkt angelangt, an dem Sie feststellen, dass es Ihnen besser geht, wenn Sie keine romantische Liebesbeziehung führen, und sich denken: Ach, ich komme besser allein zurecht. Was bedeutet es eigentlich, »allein zu sein«?

In seinem Buch *Allein* geht Autor Daniel Schreiber auf diese Erfahrungen ein und diskutiert, wie es ist, in einer Gesellschaft allein zu sein, deren Basis die romantische Liebesbeziehung – und daraus im Idealfall folgend die Kleinfamilie – ist. Wie ist es, in einer solchen Gesellschaft zu leben, wenn man keine romantische Liebesbeziehung führt? Führt man dann ein gescheitertes Leben? Hier möchte Schreiber wohl eine andere Antwort geben: Er möchte dem Alleinsein seinen gesellschaftlichen Schrecken nehmen und Beispiel sein, dass es sich auch allein mehr oder weniger gut leben lässt. So wie Menschen in romantischen Liebesbeziehungen eben mehr oder weniger gut leben. Das Buch wurde unter anderem als ein »Nachdenken über das, was nach der ewigen Erzählung von der romantischen Liebe kommen könnte« aufgenommen.[54] Doch was genau ist dieses Danach? Sind wir automatisch allein, wenn wir nicht in romantischen Liebesbeziehungen sind?

Allein berichtet von einer Vielzahl gescheiterter romantischer Liebesbeziehungen, die sich als Lebenserfahrungen aneinanderreihen und an deren Ende der Autor nun gekommen zu sein scheint. Es berichtet von der Annahme Schreibers, die eigene Zukunft mit einem romantischen Partner zu verbringen, mit dem er zufrieden alt werden würde – und davon, dass aber keine der romantischen Beziehungen dauerhaft blieb. Damit greift Schreiber Erfahrungen vieler Men-

schen auf, die ganz Ähnliches erleben und ebenfalls mit der Frage ringen, wie es möglich ist, gut und glücklich zu leben, auch ohne romantische Partner*in. Das Alleinleben sei keine bewusste Entscheidung gewesen, so Schreiber, die Phase des Alleinseins wurde einfach immer länger und Affären, die es zu Beginn seiner längeren Single-Phase durchaus gab, wurden weniger. Lange Zeit habe er gerungen mit sich und seinen Wünschen und Sehnsüchten nach einer romantischen Verbindung, die Erfüllung und Glück verspreche. Schreibers Buch bietet hier ein Alternativmodell zum Leben nach dem romantischen Ideal an – ganz nach dem Motto: Alleinsein ist auch ok! Er möchte sagen: Menschen »ohne Beziehung« sind nicht zwangsläufig unglücklich, vielmehr könne man auch ohne romantische Liebesbeziehung gut leben. Sein Ringen mit dem Konzept habe indes damit zu tun, dass das vorherrschende Modell des Zusammenlebens nach wie vor die romantische Liebesbeziehung ist – sie ist eben der Goldstandard des Zusammenlebens.

Doch entgegen der durchaus berechtigten Annahme, in Schreibers Buch würde sich alles um das Alleinsein drehen, enthält es auch eine Vielzahl von Geschichten, die von unterschiedlichsten Freundschaften erzählen. Szenen, die zeigen, wie eingebunden der Autor in diverse freundschaftliche Beziehungen ist. Recht schnell wird beim Lesen deutlich, dass diese Beziehungen wichtig für den Autor zu sein scheinen, und dennoch bleibt Schreiber skeptisch, ob diese freundschaftlichen Beziehungen auch in Zukunft eine relevante Rolle in seinem Leben spielen werden. Er habe doch mit Mitte 30 erleben müssen, erzählt Schreiber, wie sich das Leben seiner vielen Freund*innen zunehmend an deren romantischen Liebesbeziehungen ausgerichtet hat. Er hingegen sei ja nun nicht in einer solchen Beziehung und wolle dies auch nicht sein, sehe aber nicht, wie seine Freundschaften dies kompensieren könnten. Also ist es besser, sich auf das Alleinsein einzustellen, könnte man meinen.

Schreibers Skepsis gegenüber Freundschaften macht eines recht deutlich: Es fällt uns extrem schwer, unser Leben jenseits romantischer Liebesbeziehungen zu denken und zu organisieren, ohne uns dabei als allein oder gar einsam zu beschreiben und zu fühlen. Auch wenn Alleinsein ok ist und Schreiber hier ein positives Bild befördern möchte, stellt sich dennoch die Frage, warum er die vielfältigen freundschaftlichen Beziehungen, die er führt, nicht als seine Zukunft sieht. Er beschreibt sie als sehr relevant und sein Leben strukturierend und dennoch scheint er nicht auf sie zu bauen, nicht darauf zu vertrauen, dass sie auch in Zukunft da sein werden. Insofern bleibt fast selbstverständlich nur das zufriedene Alleinsein als Alternative zum romantischen Ideal.

Sich als Individuum jenseits des romantischen Diktats zu beschreiben und zu verorten, ohne auf den Dualismus von *allein oder zusammen* zurückgreifen zu müssen, ist schwierig – und das nicht nur auf einer sprachlichen beziehungsweise theoretischen Ebene. Vor allem ist es auf einer praktischen Ebene sehr schwierig. Was machen wir beispielsweise, wenn wir wie Schreiber keine Partnerschaft haben, uns aber wünschen würden, mit jemandem bestimmte Aspekte des Lebens zu teilen, anderes vielleicht auch nicht? Was machen wir, wenn wir keine romantische Partnerschaft wollen, aber gern ein partnerschaftliches Zusammenleben mit Freund*innen realisieren würden, die alle in ihren romantischen Partnerschaften und Kleinfamilien leben? Mit wem planen wir dann unsere Zukunft? Vielleicht haben wir ja Glück und unsere beste Freundin ist so integrativ, dass wir ab und an mal Teil ihres Lebens sein dürfen und zum Beispiel an Weihnachten nicht allein zu Hause sein müssen, sondern eingeladen sind ins warme Wohnzimmer einer anderen Familie. Dass aber unsere beste Freundin ihr Weihnachten so plant, dass wir beide es zu zweit ganz woanders verbringen können, ist recht unwahrscheinlich. Noch unwahrscheinlicher ist es, dass unsere beste Freundin statt mit ihrer romantischen Partner*in mit uns plant, wie und wo wir in fünf oder zehn Jahren leben wollen. Die meisten Menschen richten ihr Leben eben nach der romantischen Liebesbeziehung aus, die sie gerade führen. Menschen ohne romantische Liebesbeziehung haben da kaum Chancen, sich nicht als allein zu definieren und zu fühlen.

Es ist schwer, dieses Gegenüber von Allein- oder Zusammensein jenseits des romantischen Diktats zu denken und zu praktizieren. Auch Schreiber verlässt diesen Dualismus nicht, obwohl er ihn deutlich sieht und kritisiert. Vielmehr eignet er sich den gesellschaftlich abgewerteten Zustand von Alleinsein an und will ihn aufgewertet wissen. Das ist eine Möglichkeit: Aneignung und Neubesetzung von Begriffen und Zuständen. Es könnte aber auch eine Möglichkeit sein, das romantische Ideal *nicht* zum Ausgangspunkt für unsere Überlegungen, Konzepte und Praktiken des Lebens und Zusammenlebens zu machen. Wir könnten den Ausgangspunkt für die Suche nach dem guten Leben auch ganz verschieben. In Schreibers Buch, wie auch in unser aller Leben, lassen sich etliche Erzählungen anderer intimer Beziehungen finden, Geschichten von bedeutsamen Freundschaften, aber auch vielfältigeren, flüchtigeren Beziehungen. Warum sind sie nicht Ausgangspunkt für das eigene Leben? Warum sind beispielsweise Freundschaften nicht unser soziales Verortungssystem – der Ort, von dem aus wir uns denken und organisieren? Leichter gesagt als getan.

KAPITEL 3

Stecken wir in einer Intimitätskrise?

Die Coronapandemie hat einmal mehr verdeutlicht, wie sehr wir uns nach zwischenmenschlicher Nähe sehnen. Eine Studie aus dem Jahr 2021 zeigt, dass für Menschen in Deutschland Freundschaften und Familie sowie generell ein glückliches Zusammenleben in Partnerschaft und Familie zunehmend an Bedeutung gewinnen.[55] Insbesondere Menschen, die zur Zeit der pandemiebedingten Lockdowns in keiner Partnerschaft waren, hatten es in dieser Zeit schwer: Abgeschnitten von sozialen Kontakten und ohne Partner*innen fühlten sich viele allein gelassen – das zeigen auch die Gespräche und Interviews, die ich während dieser Zeit im Rahmen meiner Forschung geführt habe. Der Wunsch, jemanden zu finden, mit dem oder der Nähe geteilt werden kann, war ein großes Thema, insbesondere für alleinlebende Singles. Viele waren deshalb auch während der Kontaktbeschränkungen weiterhin auf der Suche, um jemanden zu finden. Eine Studie der Dating-Plattform Parship aus dem ersten Coronajahr zeigt, dass der Wunsch nach erfolgreichen Dates bei einem

Viertel der Befragten während der Pandemie sogar gestiegen ist.[56] Dabei fiel zudem auf, dass beim Dating eher Kompromisse eingegangen wurden. Beispielsweise gingen einige Befragte pragmatisch-zweckgebundene Partnerschaften ein: »*Corona-Buddies*« garantierten den Beteiligten zwischenmenschliche Nähe in Zeiten geringer Wahlmöglichkeiten.[57]

So wichtig uns verbindliche Beziehungen auch sind – und während der Pandemie haben sie für uns offenbar noch an Bedeutung gewonnen –, fällt ebenfalls auf, dass diese Beziehungen heute weniger Bestand haben als noch vor einigen Jahrzehnten. Auch das familiäre Beziehungsgefüge ist nicht mehr so stabil, wie es früher einmal war. Dabei sind die Möglichkeiten, andere Menschen kennenzulernen, schier unbegrenzt. Noch nie waren wir so miteinander verbunden wie heute. Und hier spielt das Internet und die zunehmende Digitalisierung durchaus eine wesentliche Rolle. Aber auch Auto, Flugzeug und Bahn ermöglichen es uns, schnell an anderen Orten dieser Welt zu sein – und damit sind die Optionen gewachsen, sich mit anderen Menschen zu verbinden.

Diese vielen Möglichkeiten können uns aber auch überfordern. Es wird zunehmend schwerer, sich für etwas oder jemanden zu entscheiden: Bleibe ich in meiner Partnerschaft, die mir zwar die Sicherheit der Zweisamkeit bietet, mich aber in meiner Selbstentfaltung beschränkt? Oder suche ich mir lieber etwas Neues? Viele wissen heute sehr genau, dass es da draußen noch einiges zu entdecken gibt und Menschen zu finden sind, mit denen es vielleicht besser passt. Gleichzeitig sind etliche nach wie vor von der romantischen Sehnsucht getrieben, endlich ihr persönliches Glück zu finden. Aber wie diesen *einen* Menschen finden, wenn das Feld der Möglichkeiten so gigantisch ist?

Mit diesen recht gegensätzlichen Wünschen und Bedürfnissen machen sich heute also viele von uns auf die Suche. Wir suchen die Partner*in fürs Leben. Wir suchen aber auch persönliches Wachstum, neue Erfahrungen, Abenteuer und Spiel. Das erzeugt Spannungen und löst nicht selten Krisen aus, was nun eigentlich zu tun ist und wie wir mit den verschiedenen Möglichkeiten umgehen. Und so wird die Suche für etliche zu einem Zustand, der zu keinem Ende kommt.

Digitale Suchmaschinen

Das Internet mit seinen Möglichkeiten des Kennenlernens anderer Menschen spielt hierbei eine wesentliche Rolle – und das nicht erst seit der Pandemie, während der klassische Orte der Begegnung zeitweise ihre Bedeutung verloren hatten. Die digitale Suche ermöglicht es vielen, recht niedrigschwellig Kontakte zu anderen zu knüpfen, für alle möglichen Dinge. Zu Beginn des Internetzeitalters war dies noch mit sehr viel Euphorie und Freiheitsgedanken verbunden, allerdings ist auch das Internet ein gesellschaftlicher Raum, der von sozialen Werten und Normen geprägt ist. Auch online bestimmen gesellschaftliche und ökonomische Logiken und Systeme unser Miteinander. Das heißt: Die Nutzung digitaler Räume findet nicht jenseits gesellschaftlicher Verhältnisse statt. Wir organisieren viele unserer Lebensbereiche heute marktwirtschaftlich, und so ist auch die Suche nach potenziellen romantischen Partner*innen oder anderen Kontakten danach ausgerichtet: So ist der Heiratsmarkt keine neue Erfindung, allerdings bietet uns das Internet heute ganz neue Möglichkeiten, eine Partner*in für die Ehe zu finden.

Dass Technologien mit ihren spezifischen Logiken das soziale Miteinander beeinflussen können, steht außer Frage. Die Menschheitsgeschichte ist voll von Wechselwirkungen zwischen sozialem und technologischem Fortschritt. So hat beispielsweise die Erfindung der Dampflokomotive Menschen zunächst in Angst und Schrecken versetzt: Viele fürchteten sich vor dem »schnaufenden Teufel« und dachten, dass nun die Welt untergehen würde.[58] Im Laufe der Zeit gewöhnten sich Menschen an die neue Form von Mobilität, die mit der Bahn möglich geworden ist. Heute denkt wohl kaum eine*r beim Zugfahren an den Weltuntergang. Und zugleich hat diese neue Mobilitätsform soziale Veränderungen angestoßen: Dass wir zum Beispiel nicht an dem Ort wohnen müssen, an dem wir arbeiten, weil wir mit der Bahn – oder, um noch eine weitere technische Erfindung zu nennen, die unser Leben gravierend verändert hat, dem Auto – zu unserem Arbeitsplatz fahren können, hat Auswirkungen darauf, wie wir unser Leben gestalten.

Dass auch das Internet zu sozialen Veränderungen geführt hat, überrascht also wenig. Und es ist auch nicht weiter verwunderlich, dass beispielsweise zu Beginn der Ära der Dating-Apps die Befürchtungen groß waren, die neue Technologie würde gravierende Auswirkungen auf das Liebesleben haben. So fragte beispielsweise Helen Bömelburg 2015 im *Stern*, was es mit Menschen und ihren Beziehungen machen werde, wenn sie »wie Produkte« angeschaut und »nach rein oberflächlichen Merkmalen« bewertet werden würden.[59] Dies würde zwangsläufig zu Verhaltensveränderungen führen und schließlich unser soziales Miteinander verändern:

> »Left-Swiping«, das Nach-links-Wischen, ist bereits zum Begriff geworden für »Passt nicht.« Der Nächste, bitte. Es gibt ja viele andere da draußen. »Ghosting« ist ein weiteres Wort für das neue Miteinander: Wer nicht mehr gewollt wird, dem wird das nicht gesagt. Er erhält immer weniger und schließlich keine Antworten mehr auf Chat-Anfragen und SMS – und verblasst in den Kontakten des anderen wie ein Geist.

Nach dem Genuss einer schönen Nacht werden Menschen dann wieder ausgespuckt, so heißt es da. Weil sie dann eben nicht mehr so aufregend seien und der Markt ja für ausreichend Nachschub sorge. Wieso also lange bei einer Person aufhalten, wenn da draußen so viele andere warten? Das Internet macht es heute möglich, diese imaginären anderen recht schnell und niedrigschwellig im echten Leben zu finden. Das denken wir zumindest.

Die landläufige Befürchtung dahinter ist, dass die neuen technischen Möglichkeiten dazu führen, dass sich niemand mehr binden wolle, weil niemand mehr fähig sei, sich für jemanden zu entscheiden, resümiert auch die Soziologin Eva Illouz. In ihren wissenschaftlichen Analysen hat sie sich den Dynamiken des Liebeswerbens und Liebeslebens gewidmet.[60] Ihre Untersuchungen haben weltweit großes Aufsehen erregt. Kaum ein Artikel zum Onlinedating kommt heute ohne Verweis auf ihre Arbeiten aus, und meist fallen die Einschätzungen, wie es um unsere derzeitige Anbahnungskultur steht, recht düster aus: Gefühle wie die romantische Liebe sind heute vor allem von rationalen und ökonomischen Faktoren beeinflusst und es sind vor allem Nutzenabwägungen, die unsere Liebesbeziehungen und deren Anbahnungsprozesse prägen. Sind all diese Warnungen also berechtigt?

Auf der einen Seite verspricht uns das Internet mit seinen vielfältigen Möglichkeiten einen leichten und unkomplizierten Zugang bei der Suche nach allem, wonach wir uns sehnen. Auf der anderen Seite beobachten wir gesellschaftliche Dynamiken, die deutlich zeigen, dass immer mehr romantische Liebesbeziehungen nicht von Dauer sind, weil das romantische Ideal bröckelt und Selbstentfaltung immer wichtiger wird. Ist dann nicht das Internet wesentlicher Motor, der diese Prozesse zusätzlich verschärft? Das, was unserer Intimitätskrise erst ihren Schwung verleiht? Ist es nicht verlockend einfach, in schlechten Phasen romantischer Liebesbeziehungen die Dating-App anzuschmeißen und nach einer anderen Person zu suchen? Nach dem Motto: Da draußen gibt es bestimmt das für mich Passende, ich muss es nur finden. Hat dies nicht zur Folge, dass wir dadurch immer von Neuem in einen Strudel geraten, der es nicht zulässt, dass wir uns dauerhaft binden? Das sind die Fragen, die verstärkt seit dem Siegeszug der Dating-Apps diskutiert werden. So verweisen beispielsweise Zeitungen bereits 2016 darauf, dass wissenschaftliche Studien zeigten, dass Nutzer*innen von Tinder weniger gewillt wären, sich dauerhaft zu binden.[61] Der Journalist Dan Slater geht in seinem Buch *Love in the Time of Algorithms* sogar noch einen Schritt weiter und wagt die Prognose: Menschen des Internetzeitalters werden zwar glücklichere romantische Liebesbeziehungen führen, aber diese Beziehungen werden von deutlich kürzerer Dauer sein.[62]

Wir wissen, dass das Internet unser Leben, Handeln und unsere Gefühle beeinflusst. Die Frage ist nur: Auf welche Weise tut es dies genau? Und *was* beeinflusst es da eigentlich? Also welche Gefühle, welches Handeln, welche Liebespraktiken? Worauf ist der Blick gerichtet, wenn verkündet wird, dass Dating-Apps Liebe und Beziehungen zerstören? Meist ist dabei die Rede von der romantischen Liebe und den daraus entstandenen Liebesbeziehungen. Aber was ist mit all dem anderen, das neben der romantischen Liebesbeziehung existiert und auch durch Dating-Apps entsteht? Was ist beispielsweise mit Freundschaften? Zerstören Apps auch diese?

Einige werden nun vielleicht einwenden, dass Tinder, Grindr, Bumble und Co. nicht dafür gemacht sind, Freundschaften zu finden. Das stimmt, allerdings zeigt die Praxis des Datens, wie hilfreich Apps sein können, um auch neue Freundschaften zu knüpfen. Wenn Menschen beispielsweise den Wohnort wechseln, können sie mit nur wenigen Swipes schnell mit anderen in Kontakt kommen. Ebenso wenn sich alte Freundschaften oder ganze Freund*innenkreise aufgelöst haben. Oder die neuen Kontakte ›passieren‹ ganz nebenbei: Ohne dass Menschen neue Freund*innen bei der Dating-App-Nutzung suchen, entstehen sie und werden für die Beteiligten zu relevanten intimen Beziehungen. Diese Beziehungen sind häufig nicht im Blick wissenschaftlicher Analysen und medialer Diskurse. Ob durch virtuelle Räume vermittelt auch Neues entsteht – also neue Formen intimer Beziehungen – und was dieses Neue ausmacht und wie es erlebt wird, ist heute kaum untersucht, leider, denn die Beantwortung dieser Frage würde uns vielleicht neue Perspektiven für unser intimes Zusammenleben bieten.

Allgemein gesagt ist das Internet mit all seinen Räumen und Möglichkeiten heute zentraler Bestandteil unseres Lebens und nicht mehr wegzudenken. Neben Kommunikationsdiensten und Social Media sind Dating-Apps zunehmend relevant, um Menschen in Kontakt zueinander zu bringen. Und weil hier die Spannungsverhältnisse zwischen Autonomiebestrebungen und Bindungswünschen besonders deutlich zutage treten, ist die gegenwärtige Intimitätskrise recht anschaulich anhand des Onlinedatings zu beschreiben.

Das Henne-Swipe-Problem: Was kam vor dem Onlinedating?

Eine Studie aus dem Jahr 2021 legt nahe, dass sich in Deutschland die meisten heterosexuellen Paare nach wie vor über ihre persönlichen Netzwerke kennenlernen.[63] Wirft man allerdings einen differenzierten Blick auf die Ergebnisse dieser Untersuchung, fallen deutliche Altersunterschiede auf: Fast die Hälfte der 36- bis 40-Jährigen haben ihre Ehepartner*innen über das Internet kennengelernt, während ganze null Prozent der über 50-Jährigen ihre Beziehungen über diesen Weg gefunden haben. Die Älteren haben sich laut dieser und anderer Studien noch zu 100 Prozent in der Schule kennengelernt.[64] Alles deutet also auf eine massive Verschiebung der Kennenlernorte der jüngeren Generationen hin, und die empirischen Ergebnisse zeigen einmal mehr, dass das internetbasierte Kennenlernen eine zunehmend relevantere Rolle bei Anbahnungsprozessen spielt: Für breite Teile der Bevölkerung ist es heute normal, dass sie ihre Partner*innen online kennenlernen.

Die Suche über das Internet ist allgemein sehr niedrigschwellig, und die Zugänge sind stets geöffnet: Andere Menschen beziehungsweise deren Profile sind so leicht erreichbar, dass wir nicht einmal mehr das Haus verlassen müssen, um mit ihnen in Kontakt zu kommen. Wir können uns abends im Bett ein wenig umschauen oder während wir nebenher noch etwas im Haushalt erledigen, mit Menschen chatten, die wir interessant finden. Vielleicht tauschen wir am Ende des Abends sogar unsere Nummern aus, schicken uns Sprachnachrichten, Bilder oder telefonieren miteinander – das alles ganz bequem von zu Hause aus. Das Internet ist ein sozialer Raum geworden, in dem wir etliche potenzielle Partner*innen für das finden können, was uns eben gerade vorschwebt.

Es sind allerdings nicht allein Dating-Apps und Online-Plattformen, die für das Dating heute genutzt werden, auch soziale Netzwerke wie Facebook, Instagram und Co dienen als Anbahnungsorte.[65] Zu den beliebtesten kostenpflichtigen Anbietern in Deutschland gehören derzeit Tinder, Baboo, Lovoo und Parship. Seit Jahren boomt der Sektor und der Aufwärtstrend wird Prognosen zufolge weitergehen: Im Jahr 2024 werden weltweit etwa 277 Millionen Menschen Onlinedating-Dienste in Anspruch nehmen.[66] Die Vermittlung der Suchenden ist also ein äußerst lukratives Geschäft – eines, das für die nahe Zukunft sogar noch mehr Absatz verspricht: Laut einer Studie von Bitkom Research nutzte im Jahr 2022 ein Drittel der Nutzer*innen von Onlinedating-Diensten in Deutschland kostenpflichtige Services der Onlinedating-Anbieter – Tendenz steigend.[67]

Die Coronapandemie sowie der damit verknüpfte Digitalisierungsschub haben den Trend hin zum digital vermittelten Dating zusätzlich verstärkt. Waren durch Lockdowns und Kontaktbeschränkungen die Möglichkeiten des Kennenlernens jenseits des

Internets stark eingeschränkt bis verunmöglicht, erlebte das Netz in dieser Zeit einen regelrechten Boom. Zahlen legen nahe, dass bei rund einem Viertel der Nutzer*innen mancher Onlinedating-Anbieter der Wunsch, eine Partner*in zu finden, zu Beginn der Pandemie eher stieg.[68] Ähnliches zeigt auch die Bitkom Studie von 2021: rund sieben von zehn Nutzer*innen der Services haben sich während der Coronapandemie erstmalig oder bei weiteren Diensten Accounts eröffnet.[69]

Ganz neu ist das Kennenlernen über mediale Kontaktbörsen allerdings nicht, auch wenn die Ausbreitung des Internets das medial vermittelte Dating verändert haben dürfte. Ein Blick in die Geschichte der Kontaktanbahnung zeigt, dass beispielsweise Zeitungsannoncen schon sehr früh dazu genutzt wurden, eine Partner*in zu finden. So erschien bereits im Jahr 1738 in Deutschland die erste Heiratsanzeige in einer Zeitung. Die Arbeiten des Historikers Tyler Carrington zeigen, wie verbreitet die Partner*innensuche über Medien wie Zeitungen im Berlin des beginnenden 20. Jahrhunderts war: Die recht kostspieligen Annoncen waren so beliebt, dass fast jede Berliner*in jemanden kannte, der diese Möglichkeit zur Liebes- oder Heiratssuche nutzte.[70] Neben dem Wunsch, den Weg in die Ehe zu finden, war im Berlin des frühen 20. Jahrhunderts allerdings auch etwas anderes möglich: »Casual Dating« stand sinnbildlich für das neue Berlin, wobei die Menschen dieser Zeit damit etwas anderes verbunden haben als sie es wohl heute tun. Gemeint war damals eine Verabredung, in deren Fokus nicht nur das Ehewerben stand, sondern das Dating selbst schuf einen neuen Raum, sich näherzukommen. Neu war auch, dass das Ergebnis nicht zwangsläufig eine Heirat sein musste. Carringtons Untersuchung zeigt auch, dass viele junge Berliner*innen zu dieser Zeit mehr Freiheit in Sachen Liebe und Intimität suchten. Und das auch ganz speziell jenseits der Liebesheirat. Der Begriff »Verhältnis«, der in diesem Zusammenhang große Verbreitung fand, wurde zum Ausdruck dieses neuen, eher individualistischen Ansatzes von Liebe, Intimität und Beziehungen: Die neuen Verhältnisse waren etwas Lockeres, das nicht notwendigerweise in eine Heirat münden musste.

Auch ist das computergestützte *Match-Making*, also die Verkupplung mittels Algorithmen, nicht so neu, wie vielleicht gedacht. Bereits 1968 singt die französische Schlagersängerin France Gall: »Der Computer Nummer drei sucht für mich den richtigen Boy. Und die Liebe ist garantiert für beide dabei.« Und sie trifft damit den Zahn der Zeit, denn der Wirbel um das digitale Dating ist schon Ende der 1960er Jahre groß. Der erste Computer, der zur Vermittlung genutzt wurde, war mit über 30 000 Suchenden bestückt und der Kupplungsalgorithmus basierte auf einem wissenschaftlich fundierten Fragebogen. Der Computer als »Elektronen-Amor« kommt also schon lange vor Tinder und Co. zum Einsatz.

Wenig anders als heute, wurde dieser Weg des Kennenlernens allerdings auch damals bereits kontrovers wahrgenommen: Was für die einen neue Möglichkeiten der Kontaktanbahnung eröffnete, war für andere zutiefst unromantisch. Die öffentliche Debatte um die technikbasierte Anbahnung intimer Beziehungen hat sich bis heute also kaum verändert: Skeptiker*innen bezweifelten auch damals schon, dass es möglich ist, einem anderen Menschen digital wirklich näherzukommen und sich dauerhaft zu binden, während andere hier neue Möglichkeiten im Liebesleben und Potenziale für Veränderungen intimer Beziehungen sahen.

Im echten Leben ist alles anders: Zwischenmenschliche Nähe im Internet

Vielleicht kennen Sie das: Die Kennenlerngeschichten, die mir in den letzten Jahren erzählt wurden, sind allesamt geprägt vom medienvermittelten Dating. Selbst diejenigen, die ganz bewusst keine

App oder sonstige Onlinedating-Anbieter nutzen, sind beeinflusst durch die Kultur des Internet-Datings, und wenn auch nur, indem sie Menschen kennenlernen, die diese Medien ihrerseits nutzen. Auch wenn viele Menschen auch heute noch zwischen virtuellem und »echtem« Dating unterscheiden, halte ich diese Unterscheidung für problematisch, da sie Menschen abspricht, digitale Räume als authentisch, wahr und echt zu erleben. Ist es nicht echt, wenn wir in einem virtuellen Raum, einem Chat beispielsweise, mit jemand anderem über sehr persönliche Dinge sprechen? Wo ist der emotionale Unterschied zwischen dem Schreiben eines Briefes und dem Schreiben einer Textnachricht? Beides kann sehr echt und persönlich sein, muss es aber nicht zwangsläufig. Auch ein Gespräch offline, welches wir direkt mit einer anderen Person führen, kann als sehr ›echt‹ wahrgenommen werden – muss es aber eben nicht. Werten wir das Verhalten unseres Gegenübers als unauthentisch, kann auch dieser Art von Gespräch schnell der emotionale Tiefgang fehlen.

Man könnte vielleicht einwenden, dass es ja durchaus möglich sein kann, sich gut mit einem anderen Menschen digital vermittelt zu unterhalten, dass sich aber ›echte‹ Nähe oder gar Liebe im virtuellen Raum nur schwer herstellen lässt. Hier macht uns die Soziologin Kornelia Hahn in Bezug auf die Entstehung von romantischer Intimität auf einen wichtigen Aspekt aufmerksam, wenn sie schreibt:

> Romantik lebt sehr stark vom Gespräch, auch von der Interpretation. Man stellt dem anderen dar, was man empfindet, mit Worten oder mit anderen Zeichen. Gerade das Interpretieren von E-Mails, SMS oder auch dass man Fotos schickt – diese Interpretationsleistung, die überhaupt erst zu Intimität führen kann, die kann durch neue Medien sogar noch stärker herausgespielt werden für das einzelne Paar.[71]

Es ist eine Umkehrung der Perspektive auf die neuen Medien: Laut Hahn können sie sogar zu einer stärkeren Intimität führen, weil es eben die Distanz ist, durch die romantische Intimität zwischen Menschen überhaupt entsteht. Das Interpretieren von Zeichen, die uns eine Person übermittelt, in die wir verliebt sind, sei es in Form von Text, Fotos, Smileys und anderen Codes, ist hier wesentlich. Dieser Gedanke ist auch deshalb interessant, weil er verdeutlicht, dass wir Abstand brauchen, um Nähe zu einem anderen Menschen aufzubauen. Und vielleicht sind da virtuelle Räume sogar hilfreich, weil wir Zeichen von einem anderen Menschen empfangen, die wir interpretieren können, während wir physisch voneinander entfernt sind.

Dass wir heute unsere nahen Beziehungen digital vermittelt in vielfältiger Weise gestalten und wir einen WhatsApp Chat als intim, nah und persönlich wahrnehmen, werden viele aus eigener Erfahrung kennen. Auf Basis dieser Erfahrung ist es nur ein Katzensprung dahin, dass Nähe zwischen zwei oder mehr sich unbekannten Menschen ebenfalls medial vermittelt entstehen kann. Dies thematisiert auch der 2022 erschienene Film *Wo in Paris die Sonne aufgeht* des Regisseurs Jacques Audiar. Es ist die Geschichte von Nora, eine Pariser Jurastudentin, die auf einer Party von Kommiliton*innen mit der virtuell bekannten Sexarbeiterin Amber Sweet verwechselt und anschließend an ihrer Uni gemobbt wird. Weil die Studentin neugierig ist und wissen will, wer die Sexarbeiterin ist, ist sie sogar bereit, Geld zu zahlen, um ihr virtuell begegnen zu können. Und Nora zahlt mehrfach für diese virtuellen Treffen, in denen sich die beiden einfach nur unterhalten. Nach einigen Online-Treffen bietet Amber Nora an, zu einem kostenfreien Anbieter zu wechseln, um sich dort weiter unterhalten zu können. Es entwickelt sich eine innige und sehr nahe Beziehung zwischen den beiden, die vorerst digital verbleibt und zunehmend intimer wird: Eines Abends bittet Amber Nora, den virtuellen Raum nicht zu verlassen, bevor sie eingeschlafen ist. Szenen wie diese vermitteln ein hohes Maß an Intimität zwischen den beiden Frauen, eine Intimität, die virtuell entsteht und weiter wächst, bevor sich die beiden erst am Ende der Geschichte auch physisch begegnen. Genau das illustriert den interessanten Kernpunkt dieser Geschichte: physischer Kontakt kann für das Entstehen von Emotionen dem virtuellen Kennenlernen nachgelagert stattfinden.

Immer mehr Menschen berichten heute von ganz ähnlichen Erfahrungen und so wie ich haben vielleicht auch Sie schon häufiger erlebt, wie Intimität digital vermittelt entstehen und wachsen kann. Die Herausforderungen, denen sich Suchende im Kennenlernprozess heute stellen müssen, betreffen also nicht allein das Onlinedating, wenngleich hier ein paar Elemente hinzukommen, die das vorhandene Spannungsverhältnis zwischen Bindungswünschen und Freiheitsbestrebungen deutlicher zutage treten lassen. Vielmehr macht das Internet mit seinen Möglichkeiten für eine breite Masse an Menschen sichtbar, was heute in Sachen Beziehung, Liebe, Sexualität und Identität alles möglich ist.

Was kann Onlinedating?

Auch wenn App-basiertes Dating heute eine sehr verbreitete Form des Kennenlernens ist, sind etliche vor der Nutzung eher skeptisch. So auch der überwiegende Teil der Interviewpartner*innen meiner Studien: Die meisten nahmen an, dass eine Dating-App wie Tinder vor allem eine »Fick-App« sei, sie aber eigentlich »mehr« suchen würden. Aus diesem Grund haben viele lange gezögert, sich eine solche App herunterzuladen. Interessant ist, dass sich die meisten entweder von Freund*innen überzeugen ließen oder einfach zu neugierig waren, um es nicht doch auszuprobieren. Und über die Nutzung änderten sie schließlich auch ihre Meinung über Dating-Apps.

Das dominante Bild in den öffentlichen und persönlichen Debatten, wie es sich auch bei meinen Befragungen widerspiegelt, ist nach wie vor folgendes: Nutzer*innen von Dating-Apps wollen meist einfach nur One-Night-Stands und andere Formen von Gelegenheitssex, manche vielleicht auch eine romantische Liebesbeziehung. Es scheint jedenfalls nur diese zwei Optionen zu geben, zwischen denen auszuwählen ist. Viele scheinen zudem auch fest davon auszugehen, dass die Anwendungen besonders gut dazu geeignet seien, sich schnellen Sex zu organisieren, während es schwer sei, online Personen zu finden, die zu einer verbindlichen Beziehung bereit seien.

Interessanterweise gilt dieses Bild nicht für das Kennenlernen im Allgemeinen, sondern wird insbesondere mit der Nutzung von Dating-Apps verknüpft – so als würde es in der ›Natur der Sache‹ liegen: Die Apps verkörpern nun einmal einen großen Marktplatz des Kennenlernens und wie in einem Supermarkt können Nutzer*innen hier zwischen verschiedenen Angeboten auswählen. Es gehe um Oberflächlichkeiten und die harte Währung sei die Attraktivität eines Profils. Verlieben funktioniere so jedenfalls nicht. Sex schon eher. Das liege daran, dass das Auswahlverfahren nach einem »Katalogprinzip« erfolge, so beschreibt es jedenfalls eine Nutzerin in der 2022 ausgestrahlten ZDF-Doku *Liebe auf den ersten Klick: Milliardenmarkt Online-Dating*. Zwar habe sie »ihr Glück« schließlich doch über Dating-Apps versucht, stand diesen aber zuvor recht kritisch gegenüber. In der Dokumentation sagt sie dazu: »Das macht es auch ein bisschen so, dass man das Gefühl hat, in so einem Shoppingcenter zu sein, man geht da rein und muss nur noch kaufen, kaufen, kaufen. Und das ist natürlich nicht so romantisch, wenn man an Liebe glaubt.«[72] Sich jemanden aus einem Katalog auszusuchen entspricht nicht dem romantischen Ideal der schicksalhaften Begegnung, die so ganz beiläufig passiert. Amors Pfeil trifft uns hoffentlich ganz zufällig an der Supermarktkasse und nicht beim Swipen durch Tinder.

Diese Marktförmigkeit des Kennenlernens, die sich aus dem Prinzip des schnellen Klicks entwickelt habe, verändere unsere Liebesbeziehungen gravierend, so die Kritiker*innen. Zygmunt Bauman beispielsweise schreibt in seinem Buch *Liquid Love*: Der Satz »You can always press ›delete‹« (Du kannst immer »löschen« drücken) verdeutliche, auf welche Weise Menschen hier in Beziehung zueinander treten. Die Begegnungen, die hier entstehen, seien in erster Linie »Connections« (Verbindungen), die, so leicht wie sie entstanden sind, auch wieder gekappt werden können. Beziehungen, so Baumans Schlussfolgerung, entstehen in der Folge nicht mehr.[73] Online-Begegnungen bleiben damit unweigerlich in der Flüchtigkeit und Ziellosigkeit stecken, so die Befürchtung.

Und weil Dating-Apps und andere Online-Dienste ökonomisierte Marktplätze sind, auf denen Menschen rational und zweckorientiert ihre Motive verfolgen können, ohne sich dabei binden zu müssen, seien rein sexuelle Kontakte im Gegensatz zur »wahren Liebe« hier leichter herstellbar. Im Kern gehe es dabei vor allem um das Vermehren *sexuellen Kapitals*, resümieren Eva Illouz und Dana Kaplan. Damit meinen sie, dass es Menschen nicht mehr um die Initiierung einer persönlichen und nahen Beziehung zu anderen gehe, wenn sie miteinander Sex haben, sondern allein darum, ihr Selbstwertgefühl zu steigern.[74] Wenn sich also zwei Menschen über eine Dating-App zum Sex verabreden und nichts weiter voneinander erwarten, ist das Ziel, die lange Liste bisheriger Sexpartner*innen zu erweitern. Je mehr Einträge diese Liste hat, desto mehr Kapital haben wir angesammelt und umso attraktiver werden wir für andere, so der Gedanke.

Zu einer ähnlichen Schlussfolgerung kommt Illouz auch in ihrem Buch *Warum Liebe endet*. Gelegenheitssex, so argumentiert sie hier, sei Ausdruck erwartungsloser Beziehungen und damit Kennzeichen eines ökonomischen Prinzips, das vor allem die Anhäufung von Sexpartner*innen zum Ziel hat. Die Soziologin entwirft hier das Bild eines leicht zu bekommenden, wenig tief greifende Emotionen erfordernden und leicht anrüchigen Gelegenheitssex. Diesem Sex sei etwas Wesentliches verloren gegangen, da er nun »ohne emotionale Gegenseitigkeit, Relationalität oder einen Zukunftsentwurf« auskomme.[75] Sex ist nicht mehr der Startpunkt einer Liebes*geschichte*. Als Gegenentwurf wird die echte und wahre Liebe präsentiert. Diese sei authentisch, nicht ökonomisierbar und mit einem ganz klaren Ziel verbunden: die Entstehung einer Geschichte, einer romantischen Liebesbeziehung, vielleicht sogar *der* großen Liebe, inklusive leidenschaftlichem und *echtem* Sex. Sind Dating-Apps und andere internetbasierte Plattformen, auf denen sich Menschen kennenlernen können, also der Anfang vom Ende – dem Ende der wahren Liebe? Geht es den Nutzer*innen der Apps nur um die Anhäufung von Sexpartner*innen und um die Steigerung ihres sexuellen Kapitals? Und will sich deshalb niemand mehr dauerhaft binden?

Sind Dating-Apps nur »Fick-Apps«?

Es ist nicht von der Hand zu weisen, dass zunehmende Technologisierung, Marktförmigkeit und Mediatisierung des Kennenlernens Auswirkungen auf das Zustandekommen von intimen Beziehungen haben. Vielleicht ist es aber auch umgekehrt, vielleicht haben Veränderungen in der Art und Weise, wie wir uns kennenlernen, zu diesen technologischen Weiterentwicklungen geführt. Es ist schwierig, Fragen dieser Art endgültig zu beantworten. Was bei dieser Betrachtungsweise insgesamt in den Hintergrund gerät, ist die Frage, welche Bilder von Liebe und Sex hier erzeugt werden, von welchen intimen Beziehungen überhaupt die Rede ist und von welchen nicht. Man kann beispielsweise eine Perspektive einnehmen, die nur Gelegenheitssex (zum Beispiel den »Spontanfick«) und echte Liebe (in Form einer romantischen Liebesbeziehung) in den Blick nimmt und diese als gegensätzliche Pole darstellt, die normativ mit guten (Liebe) und schlechten Moralisierungen (Gelegenheitssex) besetzt werden. Diese jedoch erzeugt den Eindruck, romantische Liebe existiere außerhalb sozialer, technologischer, ökonomischer Mechanismen. Dadurch erscheint sie als etwas Vorsoziales oder auch Naturhaftes. Unverbindlicher Sex hingegen ist der Inbegriff von Konsum und Kapitalismus: Er ist rational herstellbar, leicht organisierbar und das Lustobjekt ist austauschbar und damit beliebig – geradezu ›Wegwerfsexpartner*innen‹. Aber ist das wirklich so? Suchen Menschen auf Tinder und Co. einfach nur nach schnellem Sex?

Es gibt die weit verbreitete Annahme, dass Dating-Apps besonders für Nutzer*innen attraktiv sind, die *keine* romantische Liebesbeziehung suchen. Denn das Prinzip der Apps sei nun einmal ökonomisch und entspreche damit dem Wunsch nach unverbindlichem und leicht zu habendem Sex. Die durch Apps entstandenen Dates seien daher eher locker und flexibel, sodass alle Beteiligten schnell wieder rauskönnen aus der Nummer, wenn es ihnen nicht mehr gefällt. So leicht wie ein Kontakt entstanden ist, nämlich durch eine Wischbewegung, so leicht kann er dann auch wieder aufgelöst werden. *You can always press delete!* Es sei dieser Mechanismus, der eine allgemeine Entwicklung fördere, die auf Unverbindlichkeit in Sachen Intimität ziele, so das Argument.

Aber ist es tatsächlich so, dass sich daher niemand mehr binden möchte, um immer weiter auf der Welle der unbegrenzten Sexmöglichkeiten zu reiten? Suchen wir nur noch weitere Spontanficks, wenn wir unsere Dating-Apps nutzen? Es ist sicher richtig, dass es Menschen gibt, die ökonomische Ziele mit der Nutzung von Dating-Apps verfolgen, um ihren Selbstwert zu steigern. Auch in anderen Lebensbereichen beobachten wir ähnliche Entwicklungen, wenn beispielsweise Freundschaften nur deshalb gepflegt werden, weil sie einem irgendwann nützlich sein können.

Zwei Aspekte sind hier jedoch zu kurz gedacht. Zum einen wird davon ausgegangen, dass Beziehungsanbahnungen immer gradlinig verlaufen und Menschen ihr Ziel immer klar vor Augen haben. Aber es ist durchaus möglich, dass wir unsere Motive verändern. Das kann mitunter daran liegen, dass wir andere Menschen besser kennenlernen: Was vielleicht als sexuelles Abenteuer begonnen hat, kann eine bedeutsame Beziehung werden, die von Dauer ist. In meinen Interviews höre ich viele Geschichten, die unterstreichen, wie dynamisch und beweglich unser Kennenlernen heute ist. Das liegt daran, dass es etliche Optionen gibt, wie wir unser Leben gestalten können. Eine Partnerschaft, Ehe und Familiengründung ist hier eben nur noch *eine* Option. Dass sich die Möglichkeiten vermehrt haben, liegt nicht allein an Dating-Apps. Sie sind es vielmehr, die uns zeigen, was alles möglich ist. Seitensprünge, Affären, offene Beziehungen, Freundschaft Plus, Polyamorie gab es auch schon vorher. Sicher, Dating-Apps machen es uns wesentlich leichter, diese Dinge auch zu realisieren. Sie bieten sehr niedrigschwelligen Zugang, und diese Verführung und das damit verbundene Spiel reizen uns.[76]

Zum anderen schwingt bei Aussagen wie »Dating-Apps sind Fick-Apps und zerstören unsere Beziehungen« Folgendes mit: Sex allein reicht nicht aus als Grund für eine Begegnung, für ein *in Beziehung* Treten mit anderen Menschen. Sexfokussierende Praktiken und Beziehungen werden in der Folge häufig als rein zweckorientiert dargestellt: Sie dienen der reinen Lustbefriedigung und nicht als Möglichkeit, eine intime Beziehung zu einem anderen Menschen auf- und auszubauen. Vor der sexuellen Revolution hatte der Sex beziehungsweise das Einlassen auf sexuelle Handlungen genau diese Funktion: War man erst einmal gemeinsam im Bett gelandet, war den Beteiligten klar, dass hier eine gemeinsame Geschichte ihren Lauf nimmt. Mit der Liberalisierung des Sex und dem damit verbundenen Freiheitszuwachs, sich sexuell ausprobieren und ausleben zu dürfen, wurde dem Akt nicht mehr die gleiche Bedeutung beigemessen, wie noch zuvor.[77] Sexpartner*innen sind heute austauschbar, im Zentrum steht die Befriedigung des eigenen Bedürfnisses. Während die einen die neuen Möglichkeiten dieser Liberalisierungsprozesse toll finden, argumentieren andere, dass deshalb Unsicherheit entstehe. Der Sex habe sich seinem ordnenden Kern entledigt. Ging es früher beim Sex noch darum, Liebe, Ehe, Kinder – kurzum Heteronormativität – zu produzieren, stellt die sexuelle Revolution nun die heteronormativen Grundfesten infrage.[78]

Schneller Sex und bedeutungslose Liebe?

Sex kommt heute also ohne weitere Gründe wie Liebe, Ehe, Fortpflanzung etc. aus. Es geht vielen um reine Lustbefriedigung. Das wird teils als moralisch fragwürdig eingeordnet, gehe doch bei dieser Art der Begegnung so viel »Zwischenmenschliches« verloren. Die Angst, dass Sex um seiner selbst willen Menschen aussauge und leer zurücklasse, weil er sie vom Menschlichen distanziere, welches im einzigartigen Anderen liege, sitzt tief.[79] Die Frage, die ich mir dabei stelle: Wieso gilt dies nur für Sex, der sich spontan organisieren lässt, der vielleicht mit einer Person auch nur einmal stattfindet? Würden wir das Gleiche sagen, wenn jemand mit einer wildfremden Person ein Drei-Gänge-Menü verspeisen und dabei nur so vor Genuss strotzen würde? Und selbst wenn dieses Szenario im Verborgenen geschehen und nicht der Partner*in erzählt würde – warum klingt das für uns höchstens merkwürdig, aber nicht so irritierend, als ginge es um Sex?

Es ist vor allem der Sex, der immer wieder unter Generalverdacht gerät, sobald er als Genusserfahrung praktiziert und erlebt wird. Es zerstöre unsere intimen Beziehungen, wenn Sex ohne weitere Gründe stattfindet, wenn er sich des Ziels entledigt hat, eine romantische Partnerschaft zu initiieren. Diese unterschiedliche Bewertung bringt uns zu der Frage, welche Bedeutung dem Sex in unserer Gesellschaft zugeschrieben wird: Was verbinden wir mit dieser Art von Nähe? Und was nicht? Wir könnten uns auch fragen, warum wir es als intimer wahrnehmen, mit jemanden Sex zu haben, als weinend in den Armen einer guten Freund*in zu liegen. Vielleicht ist es kein Zufall, dass unsere Geschichten über die wahre Liebe stets mit der Erzählung vom echten, authentischen Sex verknüpft sind. Dass Sex, wenn wir verliebt sind, wahrhaftiger ist, schöner, ehrlicher. Dass wir uns hier wahrhaftig zeigen können und dürfen.

Steve Bearman argumentiert, dass wir sexuelle Erfahrungen und Gefühle direkt mit romantischen Gefühlen verbinden, liege an der patriarchalen Dominanzkultur sowie deren Denkweisen und Praktiken. Ab der Kindheit werden Männer von Intimität, Leidenschaft und Sinnlichkeit systematisch abgetrennt, weil diese sowie die damit zusammenhängenden Gefühle dominanzkulturelle Formen von *Männlichkeit* behindern. Sexuelle Intimität werde dann als Lösung präsentiert, in einem klar abgesteckten Rahmen und nicht öffentlichen Raum Sinnlichkeit, Gefühle und Nähe zu erleben. In der Folge werde Sex uns als *der* Weg zu echter Intimität und vollkommener Nähe präsentiert. Es ist dann *der* Bereich, in dem es in Ordnung ist, zu lieben, zärtlich zu sein und sich auch verletzlich zu zeigen. Auf diese Weise, resümiert Bearman, werde uns direkt und indirekt Sexualität als einziges Mittel in die Hand gegeben, wesentliche Aspekte des Menschseins auszudrücken und erleben zu können.[80] Ist Sex in Kombination mit Verliebtheitsgefühlen uns also deshalb so heilig geworden, weil die patriarchale Dominanzkultur Männern keine anderen Räume für Intimität bietet? Und welche Sichtweise auf sexuelle Praktiken, die ohne romantische Gefühle auskommen, reproduzieren wir, wenn wir bei einer Darstellung vom leicht konsumierbaren Gelegenheitssex auf der einen Seite und echter Liebe in Form der romantischen Liebesbeziehung auf der anderen Seite verbleiben?

Wir verknüpfen romantische Liebe mit dem Authentischen, Wahren und Natürlichen, das unbedingt gegen die Zugriffe des Marktes zu schützen ist – und alles andere ist dann eben »das Andere«, das »Abweichende«, das »Kalte« und »Unechte«. Es geht an dieser Stelle nicht um die Frage, ob es sexuelle Handlungen gibt, die sich leicht organisieren und konsumieren lassen, oder nicht. Die gibt es. Vielmehr geht es um die Frage, wo hier normative Grenzen gezogen werden: Wann also wird eine sexuelle Handlung als leicht konsumierbar eingeordnet und wann nicht? Und warum wird ein Date von zwei Verliebten in einem Restaurant nicht ähnlich eingeordnet? Geht es dabei nicht auch um den Konsum von Genuss-, Wohlfühl- und Glücksmomenten? Auch wenn wir diese Skripte so sehr in unseren Alltag integriert haben und uns kaum bewusst ist, woher wir sie kennen, entspringen romantische Szenen wie das Candle-Light-Dinner oder der Kurzurlaub in Paris den Filmen, Magazinen und Büchern der Kulturindustrie. Und dass der Markt für Romantikkonsum riesig ist, zeigt sich nicht allein an Tagen wie dem Valentinstag.

Die Zugriffe des Marktes enden nicht vor der Haustür unserer intimen Beziehungen, auch wenn wir uns wünschen, dass es Lebensbereiche gibt, die nicht ökonomisiert sind und dies auch bleiben. Liebe als Gefühl oder Zustand *gilt* in unserer Gesellschaft nach wie vor als Bereich des Lebens, der nicht ökonomisierbar ist: »Liebe kann nicht hergestellt und nicht gekauft werden, ist gewissermaßen das Negativ der Ware« heißt es da – und dennoch müssen wir feststellen, dass auch unsere sehr nahen und intimen Beziehungen durch marktwirtschaftliche Mechanismen geformt und verändert werden.[81] Tatsächlich ist die romantische Liebe schon längst den Prinzipien des kapitalistischen Marktes unterworfen. Wir konsumieren Romantik und verfestigen auf diese Weise Liebesbeziehungen, in denen wir uns geborgen fühlen: Eine kleine Reise in die »Stadt der Liebe«, und das Feuer ist erneut entfacht – das versprechen uns heute sogar Reiseangebote, auf deren Homepages mitunter sogar Ideen zum Nachspielen von Liebesfilmen vorgestellt werden.[82] Ambivalenzen wie diese lassen sich heute in all unseren intimen Beziehungen finden, seien sie sexueller, freundschaftlicher, romantischer oder sonst irgendeiner Art.

Wir sollten also unbedingt vorsichtig sein bei moralischen Bewertungen, die sexuelle Handlungen (und sich daraus entwickelnde Beziehungen) vor allem mit Konsum verbinden. Im Ausdruck »Dating-Apps sind Fick-Apps« steckt: Sex ohne weiteren Grund und durch Dating-Apps initiiert ist eine ökonomisierte Sozialform, sie gilt als ›schlecht‹ – weil »nicht echt«. Wer über Apps danach suche, ist demzufolge ebenfalls ›schlecht‹, da die Person es nicht ernst meine. Was sich hierin zeigt, ist die Annahme, dass es eine Person erst dann ernst meint, wenn sie nach einer romantischen Liebesbeziehung sucht und dieses Ziel stets klar vor Augen hat. Es kann aber durchaus sein, dass sich zwei oder mehr Menschen zum Sex verabreden und kein anderes Ziel miteinander verfolgen als dieses. Dennoch treten sie zueinander in Beziehung, sie stimmen sich ab und kommen sich nah, wenn auch erst einmal für diesen Moment.

Wir haben heute mehr Optionen, intime Beziehungen zu gestalten, und die Dating-Praxis zeigt deutlich, dass hier vieles in Bewegung ist. So kann es eben auch sein, dass sich Menschen, die sich zum Sex verabreden, so gut verstehen, dass sie sich erneut treffen wollen. Im Fokus dieser intimen Beziehung steht zunächst der gemeinsame Sex, später fühlen sich die beiden freundschaftlich verbunden, vielleicht sind sie auch romantisch verliebt, werden ein Paar, stellen dann aber fest, dass eine Freundschaft mit Sex doch besser für sie funktioniert usw. Das passiert häufig. Und genau diese Optionenvielfalt und Beweglichkeit der Beziehungen macht es Menschen schwer, die ein klares Ziel vor Augen haben und festhalten an der Erfüllung des Traums der einen wahren Liebe. Es ist auch deshalb schwer, weil sich zwei Menschen, die das Gleiche wollen, im Labyrinth der Möglichkeiten erst einmal finden müssen. Und wie wir wissen, reicht es nicht allein aus, dass wir uns verlieben, es muss auch passen. Das sind die Gründe, warum das Kennenlernen zu einer Herkulesaufgabe geworden ist.

Im Labyrinth der Möglichkeiten

Anhand des Phänomens des Onlinedatings können wir gut beobachten, wie dynamisch Aushandlungen um die vielfältigen Formen von Nähe heute sind. Und die neuen Möglichkeiten treffen auf ein Feld romantischer Erwartungshaltungen: Wir sind einerseits bereit zu experimentieren, sind offen für dieses und jenes, probieren uns aus. Sinnbildlich für diesen Zeitgeist ist das Zitat der Figur Samantha Jones in *Sex and the City*, die an einer Stelle sagt: »I am try-sexual« – sie probiere eben alles einmal aus. Anderseits ist da nach wie vor diese Erwartung, dass es dann doch schön wäre, wir finden diese eine Person, mit der wir glücklich sein können. Es ist das Aufeinandertreffen von Altem und Neuem, welches ein Spannungsverhältnis erzeugt, aus welchem wir als Individuen nicht leicht herauskommen. Und dies löst Suchbewegungen aus: Wo finden wir das für uns Passende? Das Alte hat unserer Erfahrung nach nicht gut funktioniert, aber das Neue ist auch schwierig umzusetzen, denn da gibt es ja doch diese Sehnsüchte nach erfüllender Liebe. Wie also sich zurechtfinden im Labyrinth der Möglichkeiten? Die Suche – nach wem oder was auch immer – wird heute mehr und mehr zur Obsession.

Wie viele Menschen in Deutschland wünscht sich auch eine große Mehrheit meiner Interviewpartner*innen beständige Beziehungen und in gewisser Weise sind sie auf der Suche nach der großen Liebe. Oder zumindest einer bedeutenden Liebe, die beständig ist. Zugleich wird in meiner Arbeit auch deutlich, dass sich viele nicht ganz sicher sind, ob es das überhaupt wirklich geben kann. Und dennoch sind sie auf der Suche. Nach was suchen sie da dann eigentlich? Ein App-Nutzer meinte einmal, er suche die große Liebe, aber man müsse realistisch bleiben. Er wisse, wie unwahrscheinlich es ist, die große Liebe tatsächlich zu finden. Deshalb sei er auch offen für andere Dinge. Was genau diese anderen Dinge sind, konnte er nicht so genau beantworten. One-Night-Stands fände er jedenfalls zu langweilig, weil der Sex meist nicht gut sei.

Wie bei diesem Menschen nehme ich vielfach ein Changieren wahr zwischen diversen Wünschen und Bedürfnissen, zwischen Bindung und Freiheit, zwischen Nähe und Distanz. Aber weil das romantische Versprechen so groß ist und ein Alleinsein eben (noch) keine Alternative ist, sind die meisten auf der Suche nach der großen Liebe, die dann das Glück bringen wird. Immer dieses Ziel vor Augen, haben aber etliche heute ein ganz anderes Gefühl: Sie fühlen sich verloren im Labyrinth der Möglichkeiten. Sie haben das Gefühl, ständig falsch abgebogen zu sein und sich bei ihrer Suche immer weiter entfernt zu haben vom Zentrum, an dem das versprochene Glück wartet. Aus den vielen Möglichkeiten werden plötzlich Unmöglichkeiten. Das Labyrinth wächst und wächst, an vielen Stellen sind Wege versperrt oder große Hürden zu überwinden. Wie sich zurechtfinden in einer Welt, in der alles möglich erscheint, aber dennoch so vieles nicht zum ersehnten Glück führt? Einfach auf dem Weg zum Zentrum alles mitnehmen, was geht? Möglichst viele Sexpartner*innen anhäufen? Oder vielleicht einfach nicht mehr das Zentrum ansteuern, sondern etwas anderes suchen? Viele Menschen sehen sich heute mit diesen Fragen konfrontiert, doch nicht allen wird klar sein, wie ein Alternativvorschlag zur Suche nach Glück in der romantischen Liebe aussehen kann.

Hinzukommt, dass das Feld der Möglichkeiten durch Technologien und Ökonomie strukturiert ist, deren Logiken all unsere Lebensbereiche beeinflussen. Dieses Labyrinth ist also nicht nur sehr groß und hat etliche Wege – wir sind auch noch dazu angehalten, es so schnell wie möglich zu durchqueren. Statt gemütlich schlendern und uns ganz entspannt umsehen zu können, vielleicht mal einen Moment zu verweilen an einer Stelle und die Dinge ohne Hast auszuprobieren, müssen wir regelrecht rennen, denn der Druck, sich zu binden, ist groß. Insbesondere zu bestimmten Phasen des Lebens, wenn beispielsweise ein Kinderwunsch vorhanden ist. Oder wenn man weit und breit die einzige Person ist, die noch Single ist. Wir sollen also eigentlich an allen Orten zur gleichen Zeit sein und möglichst viele Dates haben, um schnell den Menschen zu finden, der zu uns passen könnte. Das ist kaum möglich und erzeugt permanenten Druck und Stress.

Die Entwicklung der Dating-App-Technologie ist ein Beispiel für diese Prozesse und zeigt deutlich, wie vorstrukturiert das Feld ist, auf dem wir uns bewegen und andere Menschen kennenlernen. Was macht es mit uns, wenn wir unter diesen Bedingungen daten? Die Sozialpsychologin Johanna Degen hat das Verhalten von Dating-App-Nutzer*innen untersucht. In einem Interview mit dem DLF sagt sie, ihre Studie habe ergeben, dass niemand dort angemeldet sei, um einfach nur austauschbaren Sex zu suchen. Vielmehr suchen die meisten Nutzer*innen Spannung, Abenteuer und Aufregung.[83] Allerdings zeigt die Studie auch, dass viele Nutzer*innen nicht sehr zufrieden sind mit ihren Dates. Und dies liege daran, so die Sozialpsychologin, dass sich hier eine Logik etabliert habe, die es vielen unmöglich macht, sich überhaupt auf einen anderen Menschen einzulassen:

> Ich mache dann ein Profil, das likeable ist und nicht persönlich, und ich treffe mich mit vielen, weil das die quantitative Logik ist, und während ich mich treffe, versuche ich mein Investment gering zu halten, sowohl emotional als auch ökonomisch als auch in Bezug auf Zeit.[84]

In der Folge werde das einzelne Date abgewertet und die gesuchte Spannung kann aufgrund der selbst erzeugten Logik überhaupt nicht mehr entstehen. Degen erklärt sich dies wiederum mit der Funktionsweise der Dating-Apps, die nun mal auf Beschleunigung und Quantität ausgelegt seien: Vieles ist möglich in ganz kurzer Zeit. Und in einer Erlebnisgesellschaft wollen eben alle nur noch Spaß (wenn es wirklich wahr ist, dass alle nur noch den schnellen Kick durch schnelle Klicks wollen).

Ein Ausbrechen aus diesen Rahmenbedingungen wie etwa der Beschleunigungslogik ist für den Einzelnen dauerhaft schwer zu realisieren. Die permanente Produktivitätssteigerung, welche die Beschleunigung antreibt, ist die Basis unseres gesellschaftlich-ökonomischen Systems, und hier einen Ausweg zu finden ist für den Einzelnen kaum möglich.[85] Wir sind also permanent dazu angehalten, uns im Laufschritt durch das Labyrinth der Möglichkeiten zu bewegen, und die Kosten für die Suche sind hoch. Wie da einen entschleunigten Umgang finden? Vielleicht ist das der Grund, warum »Slow Dating« an Beliebtheit gewinnt. Mittlerweile gibt es Dating-Apps, die Nutzer*innen nur noch ein Match pro Tag anzeigen, um diesen Trend aufzufangen. Die Botschaft ist: Nimm dir mehr Zeit zum Kennenlernen, dann findest du die große Liebe.

In Sachen Intimität, Liebe und Beziehungen ist es trotz der vielen Möglichkeiten, die das Internet bietet, jedoch nicht leichter geworden, sich zurechtzufinden. Es treffen zunehmend unterschiedliche Begehrlichkeiten und Wünsche in einem weiten Feld der Möglichkeiten aufeinander. Und weil die Möglichkeiten so vielfältig geworden sind, ist eine relevante Frage heute: Wollen denn alle das Gleiche, wenn sie davon sprechen, dass sie eine »Beziehung« suchen? Oder wenn sie schreiben, dass One-Night-Stands öde seien und sie sich ein bisschen mehr Verbindlichkeit wünschten, aber bitte ohne romantisches Drama. Was ist dann dieses *mehr* und was ist wann *zu viel*? Die Intimitätskrise, in denen wir gegenwärtig alle stecken, betrifft genau die Fragen dieses großen Möglichkeitsfelds: Wie auswählen, wie entscheiden, wie festlegen und fixieren?

Die Stunde der Geister: Was Ghosting über uns verrät

Ein Phänomen, welches die aktuelle Intimitätskrise und die Frage nach der Art und Weise geteilter Nähe besonders deutlich zeigt, ist *Ghosting*. Der aus dem Englischen übernommene Begriff bezeichnet einen wortlosen und unangekündigten Kontaktabbruch. Eine als signifikant erlebte Person verschwindet plötzlich aus dem Leben einer anderen – flüchtig, sang- und klanglos, wie ein Geist eben. Das Phänomen ist heute weit verbreitet: In einer Studie von ElitePartner gab jede fünfte Nutzer*in an, schon einmal geghostet geworden zu sein. Und noch mehr räumten ein, selbst einmal geghostet zu haben. Es geben also mehr Menschen zu, Ghosting als Strategie des Kontaktabbruchs zu nutzen als selbst davon betroffen zu sein. Es sind zudem eher Frauen (23,5 Prozent) als Männer (18,8 Prozent), die ihre Kontakte ghosten.[86]

Worüber die Studie allerdings keine Aussage treffen kann, ist die Frage, wie das Phänomen von den Befragten verstanden wird, also welche Situation überhaupt als Ghosting erlebt wird und welche nicht. Ist es beispielsweise Ghosting, wenn eine Frau das Match zu einem Mann ohne Ankündigung auflöst, wenn sie von ihm ungefragt ein Nacktbild oder Dickpic geschickt bekommt? Auch wenn sich noch nicht endgültig klären lässt, was die Gründe für die Geschlechterdifferenzen hierbei sind. Der Trend, dass Frauen im Kontakt mit Männern häufig als übergriffig wahrgenommene Handlungen erleben – sowohl physisch als auch digital – und aus diesem Grund Kontakte abbrechen, spiegelt sich auch in meinen Befragungen wider. Wir können zumindest schlussfolgern, dass das Beenden unangenehmer Kontakte im virtuellen Raum einfacher geht, als wenn beispielsweise jemand in einer Bar direkt neben einem steht.

Was die vorhandenen Zahlen jedoch auch zeigen, ist, dass vor allem die Jüngeren (18–29 Jahre) von dem Phänomen betroffen sind. Und das sowohl als diejenigen, die geghostet werden, als auch als diejenigen, die selbst ghosten. Dass jede vierte Person dieser Alterskohorte betroffen ist, macht deutlich, dass Ghosting ein Phänomen dieser Zeit ist: Kontakte, die nicht über ein soziales Netzwerk entstanden sind, lassen sich leichter kappen. Ein Klick genügt, und die Person ist weg. Gerade weil die Wahrscheinlichkeit, dass man jenem Menschen wieder begegnet – sei es im Freund*innenkreis, der Facebookgruppe oder auf der Arbeit – recht gering ist.

In meinen Interviews höre ich immer mal wieder Geschichten wie diese: Die Nutzung von Dating-Apps ist weit verbreitet, aber nicht alle Nutzer*innen wollen sich physisch mit Menschen treffen, die sie online kennenlernen. Auch das betrifft vor allem die Jüngeren. Die

Begründung lautet häufig, es sei zu wahrscheinlich, im Anschluss an ein solches Date von der anderen Person geghostet zu werden. Und die Angst ist umso größer, je näher sich Menschen physisch kommen: Mit einer Person Sex zu haben, die sich danach einfach nicht mehr meldet, erleben die meisten Menschen als beängstigend. Sich also lieber gar nicht physisch mit Menschen treffen, die man online kennenlernt, ist die weniger riskante Strategie. Weil das Risiko, verletzt zu werden, geringer ist, verbleibt man einfach im virtuellen Raum: Wenn sich eine Person einfach von jetzt auf gleich nicht mehr meldet, hat man vielleicht eine Gesprächspartner*in verloren, mehr aber nicht. Die Möglichkeit des Ghostings schwebt heute stetig über den Kontakten, die online geknüpft werden. So zumindest die Erfahrung und Angst vieler Nutzer*innen.

Aber warum machen Menschen so etwas wie Ghosting, werden sich nun vielleicht einige fragen. Aktuelle Daten legen drei Hauptgründe für Ghosting nahe: Erstens verlieren Menschen häufig einfach das Interesse; zweitens finden sie alternative Partner*innen und fokussieren sich dann auf diesen Kontakt; drittens kommt es irgendwann zur Frage der Beziehungsbereitschaft, die dann zum Abbruch des Kontakts führt.[87] Viele Ghostings sind also möglicherweise weniger böswillig und absichtlich, als die Handlung es vermuten lässt. Es geht an dieser Stelle nicht darum, schmerzvolle Erfahrungen und mögliche psychische Schäden – denn auch das können ganz reelle Folgen für die ›Sitzengelassenen‹ sein – zu relativieren.[88] Vielleicht haben auch Sie Erfahrungen dieser Art machen müssen und wissen um die Schmerzen, die sie auslösen können.

Vielleicht sind aber auch Sie selbst schon einmal (oder sogar mehrmals) zur Ghoster*in geworden. Möglicherweise haben viele von uns schon Kontakte einfach »auslaufen« lassen, weil wir diese als unbedeutend und nicht so nah wahrgenommen haben. So wie ein Kontakt und Gespräch in der Bahn mit einer uns völlig unbekannten Person: Wir plaudern ein wenig, solange wir nebeneinander sitzen, doch sobald wir aussteigen müssen, verabschieden wir uns nicht einmal, weil wir es für diese Art von Kontakt nicht für nötig oder passend halten. Insbesondere mediale Kommunikation über Messenger oder Chats bringt die Schwierigkeit mit sich, Nähe zu definieren. Verschwinden wir also einfach, weil wir uns möglicher Nähe – und damit vielleicht auch der Frage nach einer romantischen Liebesbeziehung – entziehen wollen? Oder ist es vielmehr ein Gehen ohne Verabschiedung, weil wir den Kontakt nicht als *so* nah empfunden haben? Wie das Bahnbeispiel zeigt, betrifft das nicht allein die medial vermittelten Kommunikationsebenen. Vielmehr ist der Kern der Sache folgender: Es fällt uns heute schwer zu definieren, was an Nähe miteinander möglich ist, was wir uns wünschen und wie nah wir einander sein wollen. Und es ist zudem schwer, mit dieser Nähe umzugehen, wenn wir dies mit anderen Menschen verhandeln (müssen). Das Phänomen des Ghostings offenbart meines Erachtens Ungleichzeitigkeiten eines Näheempfindens: Person A erlebt den über eine Dating-App entstandenen Kontakt zu Person B als sehr nah und wertvoll, schätzt die Gespräche über Chats und verbindet damit vielleicht bereits die Idee, dass sich hier eine Beziehung anbahnt. Person B hingehen hat den Kontakt einfach als netten Plausch wahrgenommen, vielleicht sogar nur als Zeitvertreib. In dem Moment, wenn Person A aber tiefer in die Kommunikation einsteigt, erlebt Person B ein Zuviel an Nähe und bricht den Kontakt ab. Und der Kontaktabbruch per Klick ist dann der (technisch) einfachere Weg, sich den Auseinandersetzungen und Verhandlungen um mögliche und unmögliche Nähe zu entziehen.

Wie wir sehen, ist nicht nur die Auswahl an potenziellen Partner*innen gewachsen – dank der Salonfähigkeit der Dating-Apps ist diese Masse auch sichtbar geworden –, sondern auch die Möglichkeiten, *wie* wir einander nah sein können. Das Phänomen des Ghostings ist Sinnbild der aktuellen Intimitätskrise, in deren Kern es um die Frage geht, wie wir uns nah sein können und wollen – und wie wir Nähe eigentlich definieren. Wir können es uns auch weiterhin gemütlich machen um unser romantisches Lagerfeuer und dem ewigen Kreislauf von Verliebtsein, Wolke sieben, Drama und Trennung verträumt zuschauen. Viele Menschen tummeln sich hier, schließlich ist die Wärme, die die romantische Liebe verspricht, doch ziemlich verlockend. Manche sitzen bereits ein bisschen abseits und probieren sich aus in ihren Beziehungen, überschreiten bisherige Grenzen und halten mit vielen gleichzeitig Händchen. Andere wollen ihren warmen Platz nicht mehr teilen und machen es sich allein gemütlich, ihr Blick bleibt allerdings stets gerichtet auf das verführerische Flackern der romantischen Liebe. Was würde eigentlich passieren, wenn wir aufstehen und unsere Plätze verlassen? Wenn wir diesen Ort, der verspricht, uns zu wärmen, wir aber immer wieder Erfahrungen des Frierens machen, einfach verlassen und uns auf die Suche machen nach anderen, wärmenden Orten?

Wir wünschen uns nahe Beziehungen zu anderen Menschen und

wir suchen sie auch aktiv – heute vielfach über Dating-Apps und andere Onlineplattformen. Es sind nicht nur Singles, die suchen, es sind auch jene, die bereits in romantischen Liebesbeziehungen sind. In gewisser Weise sind wir alle Suchende und das auf mehreren Ebenen: Wir suchen nach Bindungen zu anderen Menschen und zugleich fragen wir uns, was das genau sein könnte. Wir suchen also nach *etwas*, wissen aber nicht genau, was es sein kann oder soll – so als ob uns die Sprache fehlen würde, dieses »etwas« genauer zu beschreiben. Und diese Suche führt viele von uns auf neue Pfade – solche, die erst noch erschlossen werden müssen, auf denen es keine Wegweiser gibt und die uns stolpern oder auch stürzen lassen. Manche von uns bleiben auf dem Boden liegen und verspüren nur Trauer und Schmerz, andere hingegen stehen wieder auf und gehen weiter, immer auf der Suche nach persönlichem Wachsen, einer anderen Sicht, die Dinge zu entdecken. Und vielleicht führen ja gerade diese steinigen Wege am schnellsten an Orte, die uns andere Formen des Nah-Seins entschlüsseln.

KAPITEL 4

Wenn Grenzen brüchig werden: Der große Wandel unserer intimen Beziehungen

Es gibt verschiedene Möglichkeiten, jemandem nah zu sein, Intimität zu praktizieren und intime Beziehungen zu führen, die Grenzen zwischen Beziehungsformen und -zuständen sind fließend. Mehr noch, sie verschieben sich ständig – besonders, seitdem das Internet wie eine Art Beschleuniger des Wandels wirkt. Im Netz wird die Vielfalt der Möglichkeiten, die sich uns heute bieten, erst sichtbar. Und es lässt sich kaum bestreiten, dass es heute sehr viel leichter ist, mit der Vielfalt an Möglichkeiten, wie sich intime Beziehungen führen lassen, in Berührung zu kommen. Vom Sofa aus können wir uns durch Profiltexte swipen – und damit auch durch verschiedene Vorstellungen und Wünsche, wie Beziehungsmodelle gestaltet werden können, von denen wir vielleicht noch nie gehört haben.

Natürlich ist auch das kein Selbstläufer: Da wir neben diesem neuen Input auch stark durch gesellschaftliche Skripte in unseren romantischen Erwartungen geprägt sind, sieht die Praxis häufig so aus, dass die Begegnungen offen und unklar bleiben. Auch wenn viele Menschen diese Beziehungen als *intim* wahrnehmen, finden sie einfach keinen Namen dafür, was sie da gerade gefunden haben. Gemessen an der Geschwindigkeit, mit der heute neue Phänomene Einzug in unseren Alltag halten, stellt sich die Frage, warum es so schwierig für uns ist, gerade diesem Kind einen Namen zu geben.

Dass sich immer mehr Menschen auch in ihren romantischen Liebesbeziehungen eigenständig ausprobieren wollen und nicht in vorgefertigten Mustern stecken bleiben, ist bereits unter dem Label *offene Beziehung* salonfähig geworden. Dahinter verbirgt sich der Gedanke der (vorrangig sexuellen) Selbstverwirklichung, vielleicht auch die Feststellung, dass Menschen in romantischen Liebesbeziehungen ihren Partner*innen ohnehin häufig sexuell untreu sind. Warum dann nicht offen Sex haben mit anderen Menschen, wenn es sowieso Praxis ist? Können wir somit heute viel offener und breiter über das Konzept der offenen Beziehung diskutieren – und damit dieser Beziehungsform einen Namen geben –, wird sie sicher auch für mehr Menschen interessant.

Nun meinen wir aber auch nicht alle das Gleiche, wenn wir von offener Beziehung, Polyamorie, Affäre, Freundschaft Plus und Co. reden. Und weil es da durchaus viele Möglichkeiten der Ausgestaltung gibt, ist eben nicht immer klar und eindeutig, was wir da nun tatsächlich wollen beziehungsweise suchen. Dies gilt für all die Begegnungen, die derzeit zustande kommen, seien sie vermittelt durch das Internet oder über andere Wege. Die Frage ist also auch, was wir im Labyrinth der Möglichkeiten heute finden *können?* Passen unsere Vorstellungen zusammen mit dem, was andere suchen? Die Möglichkeiten reichen von beispielsweise romantischen Liebesbeziehungen, die sich nach ein paar Jahren wieder in Luft auflösen, bis hin zu einer Vielfalt enger Freundschaften, die unsere körperlichen Sehnsüchte aber nicht stillen – oder Kombinationen aus beidem. Vieles ist denkbar und möglich.

Das Spiel mit dem Glück – wie wir heute was suchen

Wie wir gesehen haben, begeben sich heute viele Menschen auf die Suche und müssen sich zurechtfinden in einem gigantischen Feld vom Möglichkeiten. Das ist einerseits toll, weil wir nicht mehr so beschränkt werden in unserer Selbstverwirklichung. Anderseits empfinden viele die Offenheit und die vielen Optionen, wie sich Intimität zwischen Menschen entwickeln kann, als schwierig. Zusätzlich werden wir durch die massive Verbreitung von Dating-Apps und Internetplattformen dazu angehalten, uns bereits im Voraus zu überlegen, was wir von einer bestimmten Person wollen, was wir uns gemeinsam vorstellen können und was nicht. Das hat etwas Überforderndes: »Mich setzt ja diese Frage ›Was suchst du?‹, die kommt ja ziemlich häufig, total unter Druck und turnt mich auch wahnsinnig ab, weil ich denke ›ja woher soll ich es denn wissen jetzt.‹ Ich weiß doch nicht, wem ich gleich begegne«, heißt es in einem Beitrag der Sendung *Off the Record* dazu.[89] Die Schilderung scheint geradezu exemplarisch und es ist wenig verwunderlich, dass viele von der Frage »Und was suchst du hier?«, die auf Dating-Apps sehr häufig gestellt wird, irritiert sind.

Auch ich bin mittlerweile ziemlich genervt, wenn ich beim Dating gefragt werde, was ich hier suche. Was ist, wenn die Antwort auf diese Frage ehrlicherweise lauten müsste: Ich habe keine Ahnung! Stattdessen sage ich: Ich bin offen! Offen für was? Für alles Mögliche! Ganz schön viel, dieses »alles Mögliche«. Es kann herausfordernd und auch quälend sein, sich diesen Fragen zu stellen. Und zugleich finde ich es wichtig, darüber ins Gespräch kommen, um gemeinsam mit anderen genau diese Fragen zu diskutieren: Was bringt uns zusammen? Welche Art von Intimität ist möglich? Und wie geht Bindung und zugleich den Raum zur persönlichen Selbstentfaltung zu erhalten? Diese persönlichen Gesprächsthemen werden auf diese

Weise zu einer Auseinandersetzung damit, wie sich Nähe und Liebe trotz des bröckelnden Status Quo romantischer Liebesbeziehungen organisieren lassen. Ein bisschen sind wir heute durch das recht rationale Vorgehen, die Dating-Apps von uns verlangen, dazu gezwungen, uns diesen Fragen zu stellen. Das mag nerven und auch anstrengend sein. Es kann aber auch zum Ausgangspunkt möglicher Transformationen werden, wenn wir bereit sind, uns mit der Beschaffenheit unserer Bedürfnisse, Wünsche und Beziehungen auseinanderzusetzen und vielleicht auch mal etwas Neues zu wagen.

Der Weg dahin wird steinig und vermutlich auch verletzend sein. Er kann im Nichts enden, uns persönlich frustrieren und nerven – vor allem, wenn wir an dem *einen* Ziel festhalten: romantische Liebesbeziehungen für den einzigen Ort des glücklichen Miteinanders zu halten. Klammern wir uns jedoch nicht zwanghaft daran fest, finden wir vielleicht etwas anderes Wertvolles und Erfüllendes, etwas, das besser zu uns und unseren Wünschen passt.

Der steinige Weg durch den Dating-Dschungel

Was passiert, wenn wir auf der Suche nach dem großen Glück sind und dabei vielleicht etwas ganz anderes finden, was aber nicht weniger bedeutsam sein muss, lässt sich wunderbar an der Geschichte einer meiner Interviewpartner*innen verdeutlichen. Es ist eine recht prototypische Dating-Geschichte, die ich so oder in ganz ähnlicher Weise oft gehört habe. Sie zeigt, wie anstrengend und schmerzhaft, aber auch bestärkend und lehrreich der Weg durch das Labyrinth der Möglichkeiten sein kann.

Nach dem Aus einer langjährigen, romantischen Liebesbeziehung ist Jenny Mitte dreißig und möchte gern wieder jemanden kennenlernen – vielleicht auch um eine Familie zu gründen. Sie beginnt zu daten. Zu diesem Zeitpunkt ist ihr Ziel recht klar: Sie möchte sich wieder verlieben und wünscht sich eine neue romantische Liebesbeziehung. Diesmal mit jemandem, mit dem es besser passt als mit ihrem vorherigen Partner. Dating-Apps gegenüber ist sie zu Beginn ihrer Suche eher skeptisch eingestellt, vor allem gegenüber Tinder. Sie habe gehört, die App sei eben nur eine »Fick-App«. Ihre Freundinnen überreden sie schließlich, es einfach mal auszuprobieren, und Jenny lässt sich darauf ein. Also erstellt sie ein Profil mit ein paar Bildern, auf denen sie sich hübsch fühlt, und formuliert einen kurzen Text, der auf sie neugierig machen soll, aber auch noch nicht zu viel über sie verrät – schließlich kann das ja jede*r lesen. Und los geht die Suche!

Jenny empfindet es als aufregend, irgendwie ist es eine Art Spiel, bringt Spaß und lenkt ab. Und es bedeutet erst einmal ganz viel swipen, ganz viel nach links, manchmal nach rechts. Nach kurzer Zeit erhält Jenny erste Matches und freut sich, dass sie »Zuspruch« erhält: Wie eine Art »Egoboost« stärkt es ihr Selbstbewusstsein, wenn die Anzahl der Matches steigt. Die Kehrseite dazu kann allerdings auch sehr verletzend sein, wenn Nutzer*innen zum Beispiel nur wenige Matches erhalten. Doch die Versprechungen der Apps sind groß: Am Ende des Weges wartet das große Glück. Es heißt ja, alle elf Minuten sollen sich Menschen auf diesen Plattformen verlieben. Also weitersuchen!

Und so begibt sich auch Jenny tiefer in den Profildschungel, weil sie Menschen (in ihrem Fall Männer) kennenlernen möchte in der Hoffnung, am Ende hier ihr Glück zu finden. Zunächst ist der Weg allerdings steinig, denn gerade zu Beginn sind erst einmal diese ganzen neuen Regeln zu verstehen. Jenny lernt beispielsweise, dass nicht zwangsläufig eine Unterhaltung beginnt, wenn ein Match entstanden ist. Auch wenn ein Treffer die Annahme wecken kann, dass sich beide Seiten interessant, attraktiv oder sexy finden, kann es ohne ein proaktives Anschreiben mitunter auch ganz schön still bleiben im Chatverlauf. Jenny vergibt ihre Likes mit Bedacht, wählt gut aus, studiert die Profile genau. Wie viele Frauen es tun, wählt auch sie bereits an dieser Stelle aus, mit wem sie potenziell in Kontakt treten möchte. Andere – und das sind eher Männer, wie eine englische Studie zeigt – wählen erst später aus, nämlich dann, wenn das Match bereits entstanden ist.[90]

Bei Karls Profil bleibt Jenny länger hängen – seine Fotos und sein Profiltext machen sie neugierig. Und weil auch Karl ihr ein Like gibt, entsteht ein Match. Nun besteht die Möglichkeit, miteinander ins Gespräch zu kommen. Sie können chatten und sich sogar per Videocall anrufen, sich also sehen, ohne zuvor Nummern auszutauschen. Jenny freut sich sehr über den entstandenen Kontakt. Sofort kommt der Gedanke: Vielleicht ist er es! Er sieht gut aus, wirkt nicht zu abgehoben, beschreibt sich charmant. Ein Gefühl der Euphorie breitet sich in ihr aus. Aber was nun?

Nachdem am ersten Tag nichts passiert, keiner der beiden den ersten Schritt wagt, entschließt Jenny sich, mutig zu sein, und formuliert eine erste Nachricht. Statistisch gesehen geschieht dies selten: Die Wahrscheinlichkeit, dass eine heterosexuelle Frau den ersten Schritt macht, ist 3,5-mal geringer als bei heterosexuellen Männern.[91] Weil Jenny keine Antwort von Karl erhält, öffnet sie ein paar Stunden später wieder ihre App, um zu sehen, ob sich etwas getan hat, muss aber feststellen: Karl hat nicht nur nicht geantwortet, er hat sogar das Match einfach wieder aufgelöst. Sie hat nun keine Möglichkeit mehr, mit ihm in Kontakt zu treten. So schnell wie er da war, ist er auch wieder weg. Nun steht Jenny da mit ihrem Telefon in der Hand und kann nicht glauben, dass es so schnell wieder vorbei ist. Die Euphorie, das Glücksgefühl und die Träume, die in ihr wuchsen, sind mit einem Klick zerplatzt.

In vielen Studien zum Thema berichten die Teilnehmer*innen von ähnlichen Erfahrungen. Und dennoch bleiben die meisten am Ball, begeben sich weiter auf die Suche. Vielleicht klappt es beim nächsten Mal. Vielleicht kommt ein Gespräch mit einem nächsten Match zustande. Dass auch dies aber nicht unbedingt bedeuten muss, dass hier eine Geschichte ihren Lauf nimmt, es zu Dates und schließlich zum Moment kommt, in dem zwei Menschen einander ihre Liebe gestehen, stellen viele der Suchenden fest. Manche sind frustriert von diesen Erfahrungen und löschen ihre Apps. Sie begeben sich dann auf die Suche im »echten Leben«, wie viele sagen. Dort würden sie wenigstens auch »echte« Menschen treffen und nicht nur austauschbare Profile. Manche stellen die Suche auch ganz ein, zumindest für einen Moment. Weil Dating aber auch im Reallife kein Zuckerschlecken ist, werden die Apps häufig nach kurzer Zeit doch wieder auf das Smartphone geladen. Meist geht das Spiel dann von vorne los: Neues Spiel, neues Glück lautet die Devise!

Und so macht auch Jenny weiter. Mit manchen Gesprächspartnern hat sie schöne Dates, mit anderen ganz schreckliche. Mit einigen hat sie wunderbare Gespräche, die sehr intensiv und intim sind, andere verschwinden nach kurzem Gespräch auch schon wieder im Orbit. Sie ist mal in Dating Laune und stürzt sich in diverse Abenteuer, mal ist sie frustriert und löscht die Apps. Sie sucht das Glück und findet sich viel zu oft in Situationen wieder, die sie alles andere als glücklich machen, was auch daran liegen mag, dass sie zu diesem Zeitpunkt erwartet, über die Dating-App erfolgreich zu sein und endlich einen neuen romantischen Partner zu finden. Mit der Zeit und den gemachten Erfahrungen verändert sich allerdings ihre Perspektive und ihre Erwartung.

Single-Bar oder Tinder? Wo wir uns kennenlernen

Jenny ist nicht die einzige Person, die hofft, über Dating-Apps erfolgreich zu sein und endlich eine Partner*in zu finden – mehr als sie es sich von anderen Orten des Kennenlernens verspricht. So gehen vermutlich die wenigsten davon aus, dass ein gegenseitiges Anlächeln in einer Bar zwangsläufig dazu führen muss, ins Gespräch zu kommen, geschweige denn die Bar am Ende des Abends als ein Liebespaar zu verlassen. Sie finden diese Vorstellung absurd? Nun, mit Dating-Apps werden oftmals solche Erwartungen verknüpft. Selbstverständlich ist es das Geschäftsmodell der Dating-App-Unternehmen, Menschen miteinander zu verkuppeln. Sie sind auch daran interessiert, Menschen in dem Zustand des Suchens zu halten, schließlich wollen sie sich nicht selbst abschaffen. Aber: Ein weiterer Blick in die Geschichte des Datings verrät uns, dass soziale Orte wie Bars einmal mit ähnlichen Funktionsweisen und Erwartungshaltungen verknüpft waren.

In ihrer Kulturgeschichte des Datings macht Historikerin Moira Weigel uns auf einen gravierenden Wandel der Ausgehregeln im Amerika Mitte des 20. Jahrhunderts aufmerksam. Dieser Wandel hänge eng mit der Etablierung eines neuen sozialen Raumes zusammen, so Weigel: der Single-Bar. In den 1960er Jahren eröffnete in New York die erste davon. Die Idee dazu kam einem jungen Unternehmer, der selbst Schwierigkeiten hatte, alleinstehende Frauen kennenzulernen, da es Frauen zu diesem Zeitpunkt nicht gestattet war, Bars und Restaurants ohne männliche Begleitung zu betreten. Inspirieren ließ sich der Unternehmer von Single-Bars, die es bereits für Homosexuelle gab und die sich in New York zunehmend ausbreiteten. Diese queeren Bars waren aus der Notwendigkeit heraus entstanden, da aufgrund von Ausschlusserfahrungen Räume zur Begegnung fehlten. Queere Menschen schufen sich eigene Räume, in denen sie sich geschützt treffen und kennenlernen konnten. Der junge Unternehmer erkannte hier ein lukratives Geschäftsmodell: Eine Single-Bar explizit für Heterosexuelle, in der alleinstehenden Frauen ohne männliche Begleitung der Zutritt gewährt wird. Das sollte eine Lücke schließen und neue Möglichkeiten eröffnen. In den folgenden Jahren entstanden etliche dieser Bars und etablierten sich zunehmend als relevanter Dating-Ort – und auch als neuer Marktplatz.[92]

Mit der Ausbreitung und Etablierung von Dating-Apps sind weitere Orte des Kennenlernens entstanden. Zunächst waren diese vor allem für queere Menschen relevant: 2009 kam Grindr auf den Markt – eine App für schwule Männer, und sie war eine der ersten, die sich weltweit etablieren konnte. Zunehmend setzte sich dieses Modell auch im heterosexuellen Kontext durch und es ist vermutlich auch deshalb so erfolgreich geworden, weil ihm ein ähnliches kommerzielles Potenzial innewohnt wie seinerzeit der Singe-Bar.

Tinder und Co. sind gewissermaßen Single-Bars 2.0. Damit stellen sie zunächst einmal Orte des Kennenlernens dar. Wie sie letztendlich genutzt werden und was Menschen damit verbinden, ist durchaus unterschiedlich. Aussagen in den Medien wie »Tinder kann eben mehr als eine Bums-App sein, […] die App [ist] mittlerweile eine Vermittlerin zwischen Menschen, die sich im Alltag vielleicht nicht über den Weg laufen würden«, unterstreichen, wie vielfältig die Apps mittlerweile genutzt werden.[93]

Menschen lernen auf Dating-Plattformen also andere Menschen kennen, um beispielsweise mit ihnen zum Sport zu gehen, gemeinsam eine Ausstellung zu besuchen oder um nicht wieder allein essen gehen zu müssen. Oder eben auch um Sex miteinander zu haben. Dieses Kennenlernen unterscheidet sich zwar von der Art und Weise, wie es an anderen Orten wie Bars oder Clubs geschehen würde – zunächst einmal aus dem einfachen Grund, dass sich Menschen nicht physisch, sondern virtuell begegnen – aber vielleicht nehmen wir in Zukunft das Kennenlernen in virtuellen Räumen als ähnlich ›normal‹ wahr wie ein Kennenlernen in einer Bar. Die Frage ist, welchen sozialen Stellenwert Dating-Apps in Zukunft haben werden. Welche sozialen Funktionen wir ihnen zuweisen und wie wir diese bewerten, ist derzeit noch offen. Sind sie virtuelle Räume, die *Optionen des Kennenlernens* bieten, wie andere soziale Medien es auch tun, oder sind sie eher Maschinen, die ein *Glücksversprechen* an ihren Algorithmus gekoppelt haben?

Nicht nur unsere intimen Beziehungen an sich, sondern auch die Räume und Möglichkeiten des Kennenlernens sind in Bewegung geraten. Hinzu kommt, dass sich mittlerweile die Frage, ob man *entweder* per Dating-App *oder* offline sucht, erübrigt hat. Es kann zum Beispiel vorkommen, dass ein Barabend dazu genutzt wird, mal eben die App anzuwerfen und sich umzuschauen, ob jemand Interessantes in unmittelbarer Nähe ist. Die Wege werden also kombiniert. Aber es ist noch mehr in Bewegung, denn nicht allein die Möglichkeiten, jemanden kennenzulernen, haben sich erweitert. Vor allem die Frage danach, *für was* ich jemanden kennenlerne, ist je nach Ort nicht mehr so eindeutig zu beantworten.

So stellt auch Jenny im Laufe der Nutzung ihrer App eine Veränderung ihres Verhaltens fest, welches sie mit einer zunehmenden Vertrautheit des Mediums verbindet. Sie beginnt das Zustandekommen

von Matches und erste Kommunikationsversuche über Chat anders wahrzunehmen. Sie hat gelernt, dass ein entstandenes Match erst einmal nicht mehr bedeutet als *die Option zu haben*, mit einer Person ins Gespräch zu kommen. Sie ist auch nicht mehr überrascht, wenn Gespräche im Sande verlaufen. Auch Dating-Apps folgen gewissen Skripten. Zum Teil haben sich dabei Spielregeln etabliert, die Menschen auch aus anderen sozialen Zusammenhängen kennen, zum Teil haben sich auch ganz neue Regeln entwickelt.

Stellen Sie sich vor, Sie sind in einer Bar und entdecken eine Person, die Ihnen sehr gefällt (und wir versuchen uns dabei eine ideale Situation vorzustellen, wie wir Soziolog*innen sagen würden, in der sexistische, rassistische und andere Abwertungsformen gar nicht erst existieren). Sie suchen Blickkontakt. Die Person erwidert den Blick, und Sie verstehen das als Einladung. Sie gehen auf die Person zu und sprechen sie an. Es kann sein, dass sie Sie nun anlächelt und Sie auf diese Weise dazu einlädt, weiter mit ihr zu kommunizieren.

Oder aber sie verdreht die Augen und signalisiert damit, dass sie genervt ist und nicht mit Ihnen sprechen möchte. Beide Reaktionen auf den Flirtversuch sind Ihnen geläufig: Früh haben Sie gelernt, einzuordnen, was es bedeutet, wenn Sie angelächelt werden, und was es bedeutet, wenn jemand die Augen verdreht. Dass jemand per Knopfdruck einfach aus der Situation entschwindet, ist hingegen historisch recht neu. Das kann bekanntlich verunsichern.

Allen Unsicherheiten zum Trotz können sich aber vielleicht auch durch Mittel, die das Onlinedating als Ort des Kennenlernens bietet, die Grenzen des Möglichen ein wenig verschieben. Die Dating-App Bumble beispielsweise hat es zu ihrem Geschäftsmodell gemacht, mit tradierten Rollenerwartungen der Offlinewelt zu brechen, und ist damit sehr erfolgreich geworden: Hier müssen Frauen den ersten Schritt tun und wenn sie es nicht tun, löst sich ein entstandenes Match nach 24 Stunden wieder auf. Die neuen Räume zum Knüpfen intimer Beziehungen machen vieles möglich: Vielleicht denken durch ihren Einfluss mehr Menschen darüber nach, wie sie eigentlich mit anderen Menschen ins Gespräch kommen können und wollen – egal ob virtuell oder physisch.

Unklare Verhältnisse und unsichere Beziehungen?

Die Ausgangslage ist für viele Suchende heute meist offen und ungewiss: Wem werden wir begegnen, was ist mit dieser Person möglich, was wird sich entwickeln und was nicht? Hinzu kommt noch, dass viele eben nicht genau wissen, was sie da eigentlich suchen, wenn sie sich auf die Suche begeben. Diese Unklarheit verunsichert zusätzlich: Was meint meine Datingpartner*in nun mit dieser oder jener Geste, Aussage, Handlung? Ist das ein Zeichen dafür, dass wir uns nicht wiedersehen werden? Oder ist die Aussage so zu verstehen, dass wir nun verbindlicher miteinander sind?

Jenny beispielsweise lernt neben »klassischen« Dates auch für sie ganz ungewöhnliche und neue Formen intimer Beziehungen kennen: Beim Swipen entdeckt sie das Profil von Max und sie bleibt deshalb daran hängen (und gibt ihm ein Like), weil Max in seinem Profil stehen hat, dass er »Beziehungsanarchist« sei. Weil Jenny zuvor noch nie davon gehört hat, begibt sie sich sofort auf Recherche und findet heraus, dass Beziehungsanarchist*innen Normen, Regeln und Machtverhältnisse von intimen Beziehungen hinterfragen und niemandem, mit dem sie sich verbunden fühlen, eine besondere Position gewähren wollen. Bei ihnen wird jede intime Beziehung individuell gestaltet, egal ob romantisch, freundschaftlich oder sexuell. Jenny hat über diese Dinge noch nie nachgedacht, hat es stets für selbstverständlich gehalten, dass Menschen nun mal in romantischen Liebesbeziehungen zusammenfinden und es nur in diesem Rahmen möglich ist, tiefe Intimität miteinander zu erleben. Dass Max das ganz anders macht, irritiert sie zunächst. Schließlich findet sie es aber doch so spannend, dass sie sich auf das Abenteuer einlässt. Nachdem sie sich eine Weile schreiben, kommen sie sich auch physisch näher und haben Sex miteinander. Jenny ist fasziniert von den vielen Möglichkeiten, die sich ihr nun auftun, spürt aber auch eine Verunsicherung, weil die Offenheit, die diese vielen Möglichkeiten erzeugen, sie einschüchtert. Wie sich zurechtfinden in diesem neuen Labyrinth der Möglichkeiten? Jenny lässt sich auf das Abenteuer mit Max ein. Vor allem, weil sie neugierig ist. Die Dates mit ihm sind schön und bereichernd, sowohl sexuell als auch auf einer Gesprächsebene. Denn sie spricht sehr viel mit Max über Möglichkeiten und Unmöglichkeiten geteilter Nähe, über Wünsche und Bedürfnisse, die sie jeweils haben. Nach einer gewissen Zeit stellt Jenny allerdings fest, dass die beiden Unterschiedliches wollen: Sie will mehr Nähe und Zeit miteinander, für ihn hingegen ist der Modus ausreichend. Daher beschließt sie, den Kontakt nicht mehr weiterzuführen. Im Interview verrät sie mir, dass diese Begegnung für ihre eigene Persönlichkeitsentwicklung und die Auseinandersetzung mit dem, was sie sich in Sachen Intimität wünscht, wirklich wichtig war – auch wenn es in dieser Beziehung für sie anders lief, als sie es sich ursprünglich ausgemalt hatte.

Jenny hat das Ringen um die Form der intimen Beziehung, die mit Max möglich ist, als Raum zur Persönlichkeitsentwicklung betrachtet. Dies ist eine Variante, mit den gegenwärtigen Herausforderungen umzugehen. Eine andere und recht weit verbreitete ist, anzunehmen, alle Menschen würden ein ähnliches Ziel verfolgen, wenn sie sich über eine Dating-App kennenlernen. So wie ein weiterer meiner Interviewpartner, nennen wir ihn Paul, der Andreas über eine Dating-App kennengelernt hat. Die beiden kommen sich schnell näher und verbringen viel Zeit miteinander. So kommt es schließlich auch dazu, dass die beiden sehr regelmäßig abends kuschelnd auf der Couch liegen und Netflix schauen. Für Paul ist das
ein Zeichen dafür, dass sich hier eine romantische Liebesbeziehung entwickelt. *So was* machen doch nur Paare, denkt er sich, spricht aber nicht mit Andreas darüber. Dass es für diesen nicht das Gleiche bedeutet, erfährt Paul später schmerzhaft, als sich Andreas wieder von ihm abwendet.

Was hier passiert ist, erleben heute viele Menschen in ihrer Dating-Praxis. Und hier stoßen nun zwei gegenläufige gesellschaftliche Grundsätze aufeinander: Das zeitgeistige ›anything goes‹ trifft auf das romantische Ideal, welches sehr klaren und sehr spezifischen Skripten, Regeln und Zielen folgt. Das bringt den Kennenlernprozess ins Holpern, wie es mir auch immer wieder Gesprächspartner*innen in meinen Befragungen erzählen. Bestimmte Abläufe und Skripte, von denen wir annehmen, sie seien Zeichen einer sich entwickelnden romantischen Liebesbeziehung, werden in Kennenlernprozessen deshalb nicht hinterfragt, weil das romantische Ideal die dominante Form ist, wie wir unsere intimen Beziehungen organisieren. Gehen wir dann davon aus, dass alle genau das wollen, weil es nun mal ›normal‹ ist, das zu wollen, kann dies in der Dating-Praxis zu Konfusionen, Irritationen, Missverständnissen und auch Frust und Leid führen, wenn es dann nicht so kommt. Es sind unausgesprochene Annahmen, dass allen Beteiligten klar sei, was es bedeutet, sich kuschelnd auf die Couch zu legen und gemeinsam Netflix zu schauen. Ist es nicht das, was man in einer romantischen Liebesbeziehung heute macht? Diese Einordnungsversuche sind eine Möglichkeit, Gewissheit in unklare Verhältnisse zu bringen. Ein anderer Weg ist es, das Gespräch zu suchen und darüber offen zu sprechen, in was für einem Verhältnis man miteinander steckt und was vielleicht sein kann beziehungsweise nicht sein kann. Denn vielleicht stellt sich dann schon heraus, dass die persönlichen Ziele sehr unterschiedlich sind.

Unklare Verhältnisse zu ›ordnen‹ ist ein nachvollziehbarer

Wunsch. Wir fühlen uns unwohl, wenn es nach einem ersten Date nicht eindeutig ist, wie die Sache weitergeht, oder nach dem ersten Kuss oder nachdem wir mit jemandem Sex hatten. Wir wollen wissen, ob wir nun auf dem Weg in eine Partnerschaft sind oder eher *Fuck Buddies* bleiben, ob wir Freund*innen werden oder nichts von alledem passieren wird. Auch wenn Kommunikation darüber ein geeigneter Weg ist, für mehr Klarheit zu sorgen, werden wir absolute Gewissheit nie erzeugen können. Denn in einer Zeit, in der so vieles in Bewegung ist, sind Dinge, die wir heute festzurren, morgen vielleicht schon wieder ungewiss. Wir müssen also lernen, mit einer gewissen Dosis an Unklarheit zu leben. Das geht leichter, wenn wir wissen, wieso wir so schnell verunsichert sind, wenn die Dinge anders laufen als erwartet.

Unklarheit als Risiko oder Chance?

Warum ist es also so, dass wir uns stets Klarheit und Gewissheit wünschen? Warum verunsichert es uns, wenn die Dinge offen sind? Dass wir heute Ungewissheit automatisch mit *Unsicherheit* verbinden, ist nicht schon immer so gewesen. Der fortdauernde Wandel, der moderne Gesellschaften kennzeichnet, führt zu »Ungewissheit in den soziokulturellen und ökonomisch-materiellen Lebensbedingungen« erklärt Soziologe Fritz Böhle.[94] Das Bestreben, die Natur zu beherrschen, hat im gesellschaftlichen Wandel eine zunehmende Rolle gespielt: Sie berechenbar und voraussagbar zu machen, um Naturgewalten nicht mehr schicksalhaft ausgeliefert zu sein, ist seither wesentliches Ziel vieler menschlicher Kulturen. Aus diesem Grund begleite moderne Gesellschaften ein allgemeines Bestreben, Ungewissheit möglichst zu beseitigen.

Gewissheit stellt für uns die Grundvoraussetzung für selbstständiges Handeln dar. Ist sie nicht gegeben, fühlen wir uns verunsichert.
Die Wettervorhersage ist ein gutes Beispiel dafür: Die Berechnungen lassen uns vorausschauend mit bevorstehenden Wetterereignissen umgehen, und dies macht unser Leben sicherer, weil wir nicht unerwartet in ein Gewitter kommen. Dennoch machen wir auch die Erfahrung, dass ungewöhnliche Wetterereignisse uns dann doch mal eiskalt erwischen und wir am Ende des Tages buchstäblich im Regen stehen. Das kann uns wiederum so sehr verunsichern, dass wir auch bei angesagtem Sonnenschein lieber mal eine Jacke einpacken, bevor wir das Haus verlassen.

Die Idee, die Natur beherrschen zu können, lässt sich auch auf Bereiche des Zwischenmenschlichen übertragen. Mit dem technischen Fortschritt wurde Menschen deutlich, was alles möglich ist, sodass wir nun auch versuchen soziale Abläufe ähnlich plan- und beherrschbar zu machen, wie die Natur.[95] Das heißt nicht, dass es zuvor nicht auch Gewissheiten neben Ungewissheiten gegeben hätte.

Auch vor der Moderne haben Menschen im Zusammenleben über soziale Normen und Institutionen das Handeln ihrer Gruppen- und Gesellschaftsmitglieder gesteuert. So haben beispielsweise auch in vormodernen Gesellschaften klare Anbahnungsregeln das Kennenlernen strukturiert und gelenkt. Was sich hingegen verändert hat, ist die Perspektive, wie wir mit der darin liegenden Ungewissheit umgehen. Wurde sie zuvor mit dem Schicksal verbunden – Ereignisse wurden beispielsweise als »Strafe Gottes« oder anderweitig schicksalhaft verstanden –, wird Ungewissheit heute als Einschränkung oder Gefahr für das autonome Handeln verstanden.

In ihrem Buch *Warum Liebe endet* widmet sich Eva Illouz diesem Phänomen und setzt sich im Besonderen mit der Frage von Gelegenheitssex und Ungewissheit auseinander. Dass wir heute nicht mehr nur mit demjenigen oder denjenigen Menschen Sex haben, mit denen wir in eine romantische Liebesbeziehung eintreten wollen, mache die Lage insgesamt unklar:

> Der moderne Weg, Beziehungen aufzubauen, lebte von der Fähigkeit, Grenzen zwischen ihnen zu ziehen, also zu definieren, wie und wo verschiedene Beziehungen beginnen und enden. Die Anhäufung von Beziehungen erschwert es nun allerdings enorm, an klaren emotionalen und begrifflichen Kategorien festzuhalten, um Grenzen zwischen Beziehungen abstecken zu können, wie wir es etwa tun, wenn wir strikt zwischen Freunden und Liebhabern unterscheiden.[96]

Die Autorin schlussfolgert, dass es vor allem der Sex sei – hier meint Illouz den Gelegenheitssex –, der heute für allgemeine Verwirrung sorge: Dadurch, dass nicht mehr gewiss ist, was es bedeutet, mit jemandem Sex zu haben – nämlich eine romantische Beziehung einzuleiten –, sei der weitere Verlauf völlig offen und unklar. Und weil das Skript offen ist und die Grenzen zwischen Beziehungsformen uneindeutig geworden sind, würden sich zunehmend weniger Menschen für eine romantische Liebesbeziehung entscheiden, so Illouz. Das gesellschaftliche Phänomen, welches daraus resultiere, sei die Etablierung der Nicht-Wahl: Menschen entscheiden sich zunehmend dafür, *keine* romantische Liebesbeziehung zu haben.

Das ist *eine* Sicht auf aktuelle Entwicklungen. Dass die Grenzen verschwimmen, sich verflüssigen und vielleicht auch verflüchtigen und dass wir in einer *Zeit unklarer Verhältnisse* – also Arten, wie wir in Beziehung zueinander treten – leben, sehe ich ähnlich wie Illouz. Worin sich mein Blick auf diese Verhältnisse unterscheidet, ist die Perspektive auf Offenheit, Unklarheit und Ungewissheit. In meiner Forschung bin ich immer wieder auch Menschen begegnet, die sich durch Ungewissheit im Kennenlernprozess nicht haben verunsichern lassen. Es sind Menschen, die in der Ungewissheit sogar eine Art Potenzial sehen: Dadurch, dass die Situationen offen sind, finden sie Räume, die Dinge anders zu gestalten, sich aus-
zuprobieren, zu experimentieren und zu spielen. Der Umgang mit Ungewissheit ist also nicht immer gleich: Während die einen den offenen Ausgang einer Geschichte, die sie im Kino sehen, als beunruhigend empfinden, weil sie sich nicht sicher sein können, wie die Geschichte nun weitergegangen ist, empfinden die anderen ein klares Ende als einschränkend und sehen in Offenheit eher die Chance, sich einen eigenen Ausgang oder eine Weitererzählung ausdenken zu können.

Interessanterweise gibt es gesellschaftliche Felder, in denen wir ganz anders mit Ungewissheit umgehen. In der Kunst und im Spiel beispielsweise entdecken wir »Potenziale für einen offensiven und produktiven Umgang mit Ungewissheit«, hier machen die Unklarheiten erst den besonderen Reiz der Sache aus. Würden wir noch Spaß haben bei einem Spiel, wenn wir vorher wüssten, wer das Spiel gewinnen oder eben verlieren wird? Und so erweist sich das »vermeintlich Zwecklose« der Kunst und des Spiels als »mögliches Lern- und Erfahrungsfeld«, Ungewissheit nicht zwangsläufig als Unsicherheit wahrzunehmen, sondern als Möglichkeit, *etwas* zu entdecken, das wir nicht erwartet haben, schreibt Böhle.[97] Der Soziologe rät schließlich seinen Leser*innen, den Blick auf Ungewissheit zu verändern, denn sowohl Gewissheit als auch Ungewissheit seien nun mal »Merkmale und Erfordernisse industrieller Gesellschaften«.[98] Ungewissheit lasse sich nicht vermeiden und aus diesem Grund sei es eher angebracht, diese als ebenso normal zu betrachten wie Gewissheit.

Dass Situationen offen sind, muss uns also nicht zwangsläufig verunsichern. Es kommt auf den Kontext an und auf die sozialen Regeln und Normen, die handlungsleitend sind. Sie werden vielleicht einwenden, dass ein Spiel ja nicht zu vergleichen ist mit Dating, Kennenlernprozessen und intimen Beziehungen, denn dabei geht es ja um so viel mehr als in den Momenten der Herausforderung und des

Glücks (oder Pechs) von Spielen. Das ist richtig. Was wir uns jedoch vergegenwärtigen sollten, ist die Möglichkeit, eine andere Perspektive einnehmen zu können, wenn wir uns in Situationen befinden, die offen, unklar und ungewiss sind. Gehen wir dann nicht von der Selbstverständlichkeit aus, dass alle die romantische Zweisamkeit suchen, beginnen wir vielleicht das Gespräch miteinander und reden über Formen von Intimität, die gemeinsam möglich sind – und vielleicht reden wir auch darüber, welche nicht möglich sind. Vielleicht entstehen dabei ganz unerwartete und neue Formen des Gemeinsamen, die vorher nicht in unserem Blick waren, weil wir sie nicht gekannt haben oder weil sie für uns nicht einmal denkbar waren. Und weil die Welt nicht schwarz oder weiß ist, gibt es eben noch so viel mehr Möglichkeiten, wie Menschen einander nah sein können, als Sex *oder* Liebe.

Was wir also aktuell beobachten können, ist die Tatsache, dass die Grenzen brüchiger geworden sind, weil nun einmal so vieles möglich ist. Es tun sich Zwischenräume für eine große Zahl an Menschen auf, die vor einigen Jahrzehnten kaum möglich waren. Sicherlich existieren viele dieser Zwischenräume schon länger, allerdings waren diese meist eher Nischenphänomene und kamen für einen kleinen Teil tatsächlich in Betracht. Diese Zwischenräume sind bereits gelebte Praxis, auch wenn dies viele nicht für möglich gehalten haben. Beispielsweise galt Sex zwischen Frauen und Männern, die sich eigentlich in einer freundschaftlichen Beziehung befinden, als Ding der Unmöglichkeit: Am Ende würden sich die Beteiligten doch nur verlieben, hieß es da. Diese Einschätzung bricht allmählich auf.

In der Grauzone: Sex mit Freund*innen

In der romantischen Komödie *Freunde mit gewissen Vorzügen* aus dem Jahr 2011 spielen Justin Timberlake und Mila Kunis die beiden Freund*innen Dylan und Jamie, die sich in New York über die Arbeit kennenlernen und irgendwann beschließen, miteinander Sex zu haben, weil beide keine romantische Liebesbeziehung führen und ihnen der Sex fehlt. Dafür legen sie vorab Regeln fest: »Keine Beziehung, keine Gefühle, nur Sex.« Und sie wollen unbedingt Freund*innen bleiben – egal was passiert. Eine Weile funktioniert das ganz gut, bis es dann doch zu Schwierigkeiten mit ihrem Plan kommt. So einfach ist es dann doch nicht mit den Gefühlen, will der Film uns sagen. Beide daten daraufhin andere Menschen, aber auch diese Begegnungen führen zu nichts Ernstem. Eine gemeinsame Reise zu Dylans Familie nach Los Angeles bringt dann den Wendepunkt: Jamie wird dort von Dylan als »eine gute Freundin« vorgestellt, allerdings sind die Familienmitglieder darüber verwundert, weil die beiden so wirken, als seien sie ein »altes Ehepaar«. Als Dylans Schwester schließlich herausbekommt, dass Jamie und Dylan Sex miteinander haben, konfrontiert sie ihren Bruder und wirft ihm vor, Angst vor einer verbindlichen Liebesbeziehung zu haben. Als Jamie hört, wie Dylan sie daraufhin vor seiner Schwester schlechtmacht, kommt es zum Bruch zwischen den beiden. Aber es ist ja Hollywood, also finden die beiden am Ende doch wieder zusammen und werden endlich ein Liebespaar. Ein weiteres Happy End, zum Glück.

Die Botschaft des Films wirkt recht eindeutig: Wenn du Sex mit guten Freund*innen hast, ist es ein gefährliches Spiel. Einmal Sex haben, ok, kann ja mal vorkommen, auch unter guten Freund*innen. Aber regelmäßig mit Freund*innen Sex zu haben, also neben der freundschaftlichen auch eine sexuelle Beziehung zu etablieren, funktioniert nicht. Denn wo ist da der Unterschied zur romantischen Liebesbeziehung? Also warum nicht gleich daraus genau das machen und ein Liebespaar werden? So wie Jamie und Dylan am Ende des Films: Sie küssen sich *in der Öffentlichkeit* und zeigen damit allen, dass sie nun ein Paar sind. Wenn wir also Glück haben, können wir ganz viel gewinnen, nämlich dann, wenn wir unsere freundschaftliche Beziehung schließlich in eine romantische Liebesbeziehung überführen. Denn es braucht nur ein bisschen Willen, ein Wir-sagen-zueinander-ja, ein bisschen Verbindlichkeit, und dann ist es da, das große Glück.

Was ist aber, wenn Freund*innen, die miteinander Sex haben, sich nicht ineinander verlieben? Wenn sie ihre Freundschaft einfach nicht in eine romantische Liebesbeziehung überführen wollen oder wenn Menschen explizit über Dating-Apps nach Beziehungsformen wie Freundschaft Plus suchen? Sind diese Menschen einfach nicht bereit, verbindlich zu sein, so wie Dylans Schwester es ihm vorgeworfen hat? Frönen sie vielmehr dem Luxus, sich nicht binden zu müssen und trotzdem regelmäßig Sex zu haben – und das mit einem Menschen, den man gut kennt und mit dem man auch anderes teilt.

Eine Freundschaft Plus ist da die »perfekte Kombination aus Intimität und unverbindlichem Sex« – heißt es beispielsweise in Populärmedien wie der *Glamour*.[99]

Es ist heute nicht unüblich, dass Freund*innen auch sexuelle Beziehungen miteinander führen, ohne zwangsläufig auch eine romantische Beziehung zu etablieren. Dass sogar die AOK in ihrem Gesundheitsmagazin darüber aufklärt, ob und wie dies funktionieren kann, verdeutlicht, wie sehr diese Form intimer Beziehungen zur gangbaren Option für viele Menschen geworden ist.[100] Wie weit verbreitet Freundschaft Plus-Beziehungen sind, zeigen auch statistische Erhebungen: Laut einer Studie aus dem Jahr 2021 hatten sechzig Prozent der Befragten bereits Sex mit Freund*innen, und ganze 75 Prozent der Studienteilnehmer*innen gaben an, dass sich in ihrem Freund*innenkreis jemand befinde, mit dem sie sich »ohne Weiteres ein Schäferstündchen vorstellen könnten«.[101] Der überwiegende Anteil der Befragten gab an, die Freundschaft habe durch den Sex nicht gelitten und man sei auch nach dem Sex Freund*innen geblieben.
Nur etwa fünf Prozent der Studienteilnehmer*innen gaben an, dass nach dem gemeinsamen Sex eine romantische Liebesbeziehung entstanden ist. Der Weg andersherum scheint laut dieser Studie wahrscheinlicher: Drei von zehn Teilnehmer*innen gaben an, dass aus einer gescheiterten Liebesbeziehung eine Freundschaft Plus geworden ist. Andere Befragungen zeigen außerdem, dass es gerade die Jüngeren (18–29 Jahre) sind, die Sex mit Freund*innen nicht mehr ausschließen. Jede*r Vierte hatte bereits eine freundschaftliche Beziehung, die auch Sex beinhaltete, ohne dass die beiden Personen eine romantische Liebesbeziehung führten, während One-Night-Stands mit fremden Personen bei Jüngeren weniger beliebt sind.[102]

Das Phänomen Freundschaft Plus wurde wissenschaftlich und medial lange Zeit vernachlässigt. In den letzten Jahren hat sich dies allerdings geändert, vermutlich auch, weil diese Beziehungsform im Kontext von Onlinedating eine relevante Rolle spielt. Was ist der Grund, warum so viele Menschen danach suchen? Die Kommunikationswissenschaftler*innen Melissa Bisson und Timothy Levine haben herausgefunden, dass es vor allem der nicht-exklusive Sex in der Freizeit mit einer bekannten und vertrauten Person ist, der von den Befragten als Hauptvorteil von Freundschaft Plus-Beziehungen wahrgenommen wird. Allerdings haben die Befragten auch Sorge, dass der Sex der Freundschaft schließlich schaden könne beziehungsweise der Wunsch nach romantischer Exklusivität nicht erwidert werde. Außerdem fanden Bisson und Levine heraus, dass in Freundschaft Plus-Beziehungen nur wenig miteinander über die Beziehung und deren Veränderungen durch den Sex gesprochen werde: Kaum eine Studienteilnehmer*in führt Beziehungsgespräche und nur sehr wenige besprechen Grundregeln für die neue Beziehungsform.[103] Es scheint auch hier auf einen Mangel an Austausch über die gewünschte Form von Beziehung hinauszulaufen.

Freundschaft Plus – einfach unverbindlich vögeln?

Wenn gute Freund*innen wie Dylan und Jamie im Film Sex miteinander haben, stellt sich für viele von uns geradezu zwangsläufig die Frage, warum sie erst am Ende des Films zum Liebespaar werden. Offenbar spielen Attraktivität und Anziehung von Anfang an eine Rolle zwischen beiden. Die Grundvoraussetzung für eine romantische Beziehung ist damit also gegeben und die Schlussfolgerung liegt nahe, dass der Wille, ja zueinander zu sagen, einfach nur fehle. Dies ist ein interessantes Problemfeld von Freundschaft Plus-Beziehungen, denn scheinbar erhalten wir den Mythos der romantischen Liebe, wenn auch abgeschwächt, auch in diesen Beziehungsformen aufrecht.[104]

Zwei Aspekte tauchen in der Auseinandersetzung mit dem Phänomen Freundschaft Plus immer wieder auf: der Sex und die Unverbindlichkeit. Oder sagen wir besser: der *unverbindliche Sex*. Es ist Sex, der nicht zwangsläufig zu einer Veränderung der Beziehung zwischen zwei Freund*innen führt, der nicht in einer romantischen Liebesbeziehung mündet und deshalb als unverbindlich bezeichnet werden kann. In Freundschaft Plus-Beziehungen entsteht also ›nichts‹ daraus, wenn Freund*innen miteinander schlafen. Wie wir bereits im letzten Kapitel gesehen haben, stellt sich auch hier durchaus die Frage, welche Bedeutung dem Sex im Kontext intimer Beziehungen beigemessen wird beziehungsweise warum dem Sex eine solche Bedeutung zugemessen wird: Es ist *die* Handlung zwischen Menschen, die einen so gravierenden Unterschied ausmacht, dass es die Beziehung grundlegend verändern kann.

Der erwähnte AOK-Ratgeber zu Freundschaft Plus-Beziehungen formuliert das folgendermaßen: *»Sex haben bedeutet intimer werden, sich emotional mehr einlassen und sich noch stärker zeigen«* – genau darin liege das Unterscheidungsmerkmal beider Beziehungsformen.[105] Diese Intimisierung durch gemeinsamen Sex finden wir auch in der Darstellung des Sex zwischen Jamie und Dylan wieder. So ist der Sex der beiden zu Beginn noch recht pragmatisch in Szene gesetzt: Jamie und Dylan zählen ihre Vorlieben auf und sagen sich gegenseitig, was sie nicht mögen, und los geht es. Hier wirkt der Sex eher wie eine gemeinsame Freizeitaktivität, etwa wie Tennis spielen. Diesen Vergleich ziehen die beiden sogar selbst heran, um ihren Sex zu beschreiben. Diese Inszenierung verändert sich jedoch, als die beiden Emotionen füreinander entwickeln, die über eine freundschaftliche Verbindung hinausgehen: Nun wirkt der Sex der beiden ruhiger, es gibt mehr Blickkontakt, sie streicheln und küssen sich mehr. Die Kamera zeigt oft die ineinander verschlungenen Hände von Jamie und Dylan, die Szene ist mit ruhiger Musik unterlegt – alles wirkt emotionaler und romantischer.

Über diese Inszenierung soll die Veränderung verdeutlicht werden, die sich im Film vollzieht. Es ist die Darstellung des *authentischen* Sex, der in unserer Gesellschaft nun mal als intimster Akt zwischen zwei Menschen gilt. Und so ist es auch nicht überraschend, dass viele Menschen es genau so erleben und wahrnehmen. Sex ist für uns *der* Ort, an dem wir in einer patriarchalen Dominanzkultur tiefergehende Intimität erleben können und dürfen. Er ist zum heiligen Gral *echter* Intimität geworden. Und so ist ›authentischer Sex‹ der Ort, an dem wir uns emotional mehr einlassen können und noch stärker zeigen dürfen. Interessanterweise geht es dabei nicht um den Sex an sich, sondern um eine Form der Intimität, die wir als sehr nah und vor allem echt wahrnehmen. Wenn wir einander beispielsweise weinend und hochemotional in den Armen liegen, ließe sich argumentieren, dass das vergleichbar nah und echt ist, dennoch bewerten wir beide Akte unterschiedlich. Dahinter verbirgt sich das romantische Versprechen, welches uns in festen Verbindungen eine besondere Form von »Privatheit« erwarten lässt.[106] Sex ist also erst dann authentisch, wenn er nicht unverbindlich ist, sondern eben das konkrete Ziel verfolgt, eine romantische Liebesbeziehung zu etablieren, die unseren Vorstellungen von Privatheit entspricht.

In unserer Gesellschaft kann authentischer Sex also alles verändern – auch zwischen Menschen, die eine langjährige Freundschaft pflegen. Aber von welchen (Un-)Verbindlichkeiten ist hier eigentlich die Rede? Sich sexuelle Treue zu schwören, das Leben aufeinander auszurichten und zu planen, dauerhaft zusammen sein zu wollen? Das sind die Zusagen, die in romantischen Liebesbeziehungen gelten. Ist hier also eher von einer romantischen Verbindlichkeit die Rede? Sicherlich folgen Freundschaften anderen sozialen Skripten als romantische Liebesbeziehungen – sie sind in der Regel freier in der Ausgestaltung. Das bedeutet allerdings nicht, dass Menschen ihre Freundschaftsbeziehungen nicht als verbindlich wahrnehmen oder auch gemeinsam Formen von Verbindlichkeit finden: Ein Vorsatz wie »der erste Donnerstag im Monat gehört uns« ist ein Beispiel dafür, wie sich auch außerhalb romantischer Beziehungen ein gewisser Zeitraum einem gemeinsamen *Uns* widmen lässt.

Die Frage ist doch, worauf wir abzielen und was das für eine Verbindlichkeit sein soll, von der da die Rede ist? Bezieht sie sich auf den Sex? Ist damit gemeint, dass der Sex treu zu sein hat, auf Lebenszeit? Wir gehen dabei stillschweigend von Selbstverständlichkeiten aus, die uns unser romantisches Ideal vorgibt und an denen wir alles ausrichten. Wir sollten vielleicht vielmehr fragen, welche Arten von Verbindlichkeiten wir mit wem und auf welche Weise etablieren wollen. Denn es ist das romantische Diktat, welches uns immer wieder erzählt, auf was wir unsere Blicke zu richten haben: Wenn der AOK Beziehungsratgeber davon spricht, dass sich Menschen darüber im Klaren sein sollten, »dass man, wenn man eine Freundschaft plus führt, nicht mehr die Kapazität oder Bereitschaft hat, sich auf eine tiefere Beziehung einzulassen«, hierarchisiert er nicht nur Beziehungsformen, er unterstellt implizit auch, dass freundschaftliche Beziehungen nicht tiefer – näher, intimer – sein können.[107] Das entspricht zwar bequemerweise dem Skript und den Rahmenbedingungen unseres Romantikdiktats, aber lässt außer Acht, dass es auch innerhalb anderer Beziehungsformen tiefe Emotionen, Absprachen, gemeinsame Lebensplanung, zusammen verbrachte Urlaube und vieles mehr geben kann.

Die Frage, worin der Unterschied zur romantischen Liebesbeziehung besteht – mit oder ohne gemeinsamen Sex –, ist durchaus berechtigt. Aber vielleicht sollten wir noch grundsätzlicher betrachten, wie wir unsere intimen Beziehungen ausgestalten wollen – sowohl die romantischen als auch all die anderen Formen. Und wir sollten mit Menschen, denen wir nah sind oder näherkommen, genau darüber offen reden. Und vermutlich müssen wir auch lernen, mit einer gewissen Dosis an Ungewissheit zu leben, denn auch Gespräche und Kommunikation sind kein Garant dafür, diese zu vermeiden. Die Offenheit und die vielen Möglichkeiten, die sich im Feld des Kennenlernens und der intimen Beziehungen heute aufgetan haben, erzeugen Hindernisse, Spannungen und Schwierigkeiten – sie erzeugen allerdings auch Raum für neue und andere Formen des Zusammenlebens.

Wohin mit all den No-Name-Beziehungen?

Über Offenheit, Ungewissheit und neue Räume höre ich viele Geschichten, wenn ich mit Menschen über ihre Erfahrungen mit intimen Beziehungen spreche. Eine sehr gewöhnliche, geradezu prototypische Geschichte ist die von Marlis und Sebastian: Die beiden lernen sich über die Dating-App Tinder kennen, und es vergehen einige Wochen, bis sie sich zu einem ersten Date verabreden. Es funkt

von Anfang an zwischen den beiden. Marlis fragt sich recht früh, wie es mit Sebastian weitergehen wird und ob hier eine romantische Liebesbeziehung entstehen könnte. Oder ist es eher etwas anderes? Sie ist sich zu diesem Zeitpunkt selbst nicht sicher, was sie genau möchte, im Hinterkopf ist aber seit einiger Zeit der Gedanke, dass es schön wäre, mal wieder eine feste Beziehung zu haben. Vielleicht könnte das mit Sebastian klappen.

Was Marlis zu diesem Zeitpunkt noch nicht weiß, ist, dass Sebastian im Urlaub Sofia kennengelernt und sich in sie verliebt hat. Zwar ist er sich selbst auch nicht sicher, was sich daraus entwickeln wird, er möchte Marlis gegenüber aber ehrlich sein und erzählt ihr von der Entwicklung. Nach dem Gespräch fährt er den Kontakt zu Marlis herunter, und die beiden sehen sich seltener. Sex und körperliche Nähe sind damit erst einmal vom Tisch. Sebastian wünscht sich eher eine Freundschaft und hofft, dass Marlis den Kontakt zu ihm weiter aufrechterhält, weil er sie gern hat. Auch Marlis will den Kontakt zu Sebastian nicht abbrechen – und zu diesem Zeitpunkt ist da auch noch die Hoffnung, dass es ja unter Umständen doch klappen könnte zwischen den beiden. Wenn nicht jetzt, dann ja vielleicht irgendwann.

Marlis verbringt sehr viel Zeit mit Sebastian, sie unternehmen gemeinsam vieles und lernen sich zunehmend besser kennen. Sie haben eine gute Zeit miteinander, allerdings passiert nicht das, was Marlis sich erhofft hat, denn sie kommen sich sexuell nicht wieder näher. Zwar nehmen sie sich in den Arm oder liegen beieinander auf dem Sofa, aber es ist eher platonisch und nicht sexuell. Nach einigen Monaten geschieht an einem ihrer gemeinsamen Abende etwas, mit dem Marlis nicht mehr gerechnet hat: Sie haben wieder Sex. Im Anschluss ist es Sebastian zwar sehr wichtig, Marlis direkt zu sagen, dass sie nun aber kein Paar sind – sie hingegen stellt in diesem Moment leicht verwundert fest, dass sich für sie nichts verändert hat: Sebastian ist einfach ein guter Freund. Der Abend bringt sie aber ins Grübeln, wo eigentlich die Grenzen verlaufen. Was unterscheidet eine gute Freundschaft von einer romantischen Liebesbeziehung? Ist es der Sex?

Marlis stellt für sich fest, dass die Grenzen zwischen den Formen von Intimität sehr fließend sind und es schwer ist, genau zu wissen, wann eine Handlung, ein Wort, ein Satz, eine Geste wie gemeint ist. Was bedeutet es, wenn Sebastian sie ganz herzlich in den Arm nimmt? Ist da mehr als etwas Freundschaftliches? Sobald eine potenzielle Begehrensebene vorhanden ist, sind Verhandlungen zwischen Freundschaft und romantischer Liebesbeziehung komplexer, vielleicht auch komplizierter. So kommt es dazu, dass Marlis und Sebastian gemeinsam beginnen, darüber zu reden. Sie unterhalten sich über diese Grenzen und die jeweiligen Empfindungen, Wahrnehmungen und Bedürfnisse. Das hat in ihrer Freundschaft etwas nachhaltig verändert – es hat sie gestärkt, da ist sich Marlis sicher. Heute können sie sich in den Arm nehmen und in einem Bett schlafen, ohne dass es sich für sie komisch anfühlt – es ist einfach ganz normal, dass sie das machen. Sie teilen weiterhin vieles, was sie so im Alltag und darüber hinaus beschäftigt. Sie sind sich sehr nah, auch wenn sie nach diesem einen Abend keinen Sex mehr miteinander haben. Es ist allerdings auch im Bereich des Möglichen, dass sich das in Zukunft wieder verändert.

Dass Freundschaften wie bei Marlis und Sebastian durch Dating entstehen, ist keine Seltenheit. In fast allen Gesprächen, die ich zu dem Thema geführt habe, berichten Menschen davon. Wissenschaftlich ist dieses Phänomen hingegen noch kaum untersucht, die Forschung fokussiert nach wie vor fast ausschließlich die Entstehung beziehungsweise Nichtentstehung romantischer Liebesbeziehungen.[108] Dabei ist da vieles zwischen Menschen, was nicht unbedingt romantisch ist. Es ist ein Changieren zwischen verschiedenen Formen von Intimität und es kommt nicht selten vor, dass Menschen dafür keine Bezeichnung finden. Für unsere »No-Name-Beziehungen« gibt es schlichtweg kaum Skripte und Modelle, an denen wir uns orientieren könnten. Wenn Sex im Spiel ist, greifen heute viele auf den Begriff Freundschaft Plus zurück, weil dieser am ehesten das umschreibt, was da zwischen den Menschen ist. Dabei ist es zum Beispiel oft gar nicht so eindeutig, ob es für alle Beteiligten wirklich eine Freundschaft Plus ist oder irgendetwas anderes, für das sie jedoch keinen Namen finden.

So passiert es heute recht häufig beim Onlinedating, dass sich Menschen näher kennenlernen und eine tiefe und wachsende Verbundenheit teilen, auch wenn eine romantische Liebesbeziehung nicht das Ziel der Beteiligten ist. Für ihre Formen intimer Nähe sind viele auch nach einer gewissen Zeit noch auf der Suche nach einem passenden Namen. Nicht wenige treffen sich ab und an, haben eine gute Zeit miteinander, teilen Dinge aus ihrem Alltag, telefonieren regelmäßig – wenn sie sich dennoch nicht als Liebespaar verstehen wollen, ist die gängige Lösung, der Sache keinen Namen zu geben.

Kritische Stimmen könnten einwenden, dass dies deutlich mache, wie sehr intimen Beziehungen heute die Unverbindlichkeit eingeschrieben ist. Sie ist wie eine zweite Natur geworden: Menschen verknüpfen mit ihren intimen Begegnungen *nicht zwangsläufig* ein romantisches Ziel und eine dauerhafte Verbundenheit. Damit sei klar, dass der Kontakt zueinander leichter gekappt werden kann, als wenn die Beziehung fixiert werden würden. Aber ist das tatsächlich so? Können heute nicht auch romantische Liebesbeziehungen mit einem Wort oder einer Textnachricht einfach beendet werden? Garantieren uns Liebesbeziehungen oder gar die Ehe mehr Sicherheit? Heute ist nichts von Dauer: Auch Ehen halten im Durchschnitt ›nur noch‹ etwa 14,5 Jahre.[109] Ist da die Schlussfolgerung, dass wir alle unfähig sind, uns dauerhaft an einen anderen Menschen zu binden, folgerichtig?

Nun könnten wir einstimmen in den Kanon der Untergangsgesänge, die überall zu vernehmen sind: Es ist das Ende der Liebe, und das schönste der Gefühle ist endgültig verloren! Das wäre schön einfach, schließlich ist diese Befürchtung schon lange im Mainstream angekommen und wird nur allzu gerne wiederholt. Doch von welcher Liebe ist hier die Rede, von welcher *Liebespraxis* sprechen all diejenigen, die diese Untergangslieder singen? Ein anderer Blick auf die aktuellen Entwicklungen könnte folgender sein: Menschen, wie sie eben beschrieben wurden, teilen Nähe und sie nehmen ihre Verbundenheit als *eine* Form intimer Beziehungen wahr. Sie *beziehen* sich im Alltag durchaus aufeinander. Aber sie beziehen sich vielleicht auch auf andere Menschen und sind zugleich auch in andere, für sie wertvolle, intime Beziehungen eingebunden, und das auf vielfältige und sehr unterschiedliche Weise. Der springende Punkt dabei ist, dass diese intimen Beziehungen eben keine Hürde für nahe Bindungen zwischen Menschen sind, vielmehr entlasten sie unsere Beziehungsgeflechte, weil es nicht die *eine Beziehung* ist, die alles erfüllen muss.

Und dies ist ein relevanter Aspekt, den wir uns deutlich vor Augen führen sollten: Es muss nicht zwangsläufig die *eine* Person sein, die alle Ebenen von Intimität ausfüllt. Unromantisch? Nun, selbst im traditionellen Konzept der bürgerlichen Kleinfamilie erfüllen verschiedene Menschen verschiedene Bedürfnisse, und es existieren unterschiedliche Arten von Intimität: So sind die Großeltern vielleicht nicht der beste Bezugspunkt für sportliche Aktivitäten oder körperliche Nähe, dafür aber Ansprechpartner für tiefe Gespräche, wohingegen man mit der Partner*in zwar körperliche Nähe und den Ausflug in die Kletterhalle teilt, allerdings Gespräche, die über Alltagsbelange hinausgehen, eher selten sind. Es gibt viele Konstellationen, wie unsere vielfältigen Bedürfnisse von verschiedenen Personen innerhalb der Familie erfüllt werden. Für selbst gewählte familienähnliche Sozialstrukturen gilt dies nicht anders. In Medien, der öffentlichen Debatte und in wissenschaftlichen Analysen existieren hierfür allerdings kaum Modelle – oder sie werden sogar marginalisiert. Was hingegen existiert, ist die Vorstellung, dass sich Menschen nur an einem von zwei Polen befinden können: *Entweder* sie sind in einer romantischen Liebesbeziehung, was einen glücklichen Seinszustand impliziert. *Oder* sie sind allein und suchen verzweifelt eine Liebesbeziehung beziehungsweise geben sich mit Gelegenheitssex zufrieden. Ohne entsprechende Modelle, Vorbilder und soziale Skripte fällt es selbstverständlich schwer, Beziehungspraktiken jenseits der romantischen Liebe und der bürgerlichen Kleinfamilie zu entwickeln und durch das Labyrinth der Möglichkeiten zu navigieren.

Wenn wir über Intimität, Beziehungen und Liebe sprechen und darauf blicken, was da ist, was sich verändert und was vielleicht in Zukunft sein wird – beziehungsweise eben nicht (mehr) sein wird –, ist der Ausgangspunkt für alle Überlegungen und Bewertungen stets das romantische Ideal. Was wir hingegen nicht zum Ausgangspunkt machen, sind all die anderen Formen intimer Beziehungen, die sich heute neu auftun beziehungsweise schon lange existieren. Zugegeben, im Licht der romantischen Liebe, die uns zeit unseres Lebens als das höchste Glück, die reinste wahrhafteste Form von Nähe verkauft wurde, haben diese Beziehungsformen eine geringere Strahlkraft. Doch vielleicht ist es gerade deswegen heute an der Zeit, sie aus dem Schattendasein zu befreien und ihnen mehr Aufmerksamkeit zu schenken.

KAPITEL 5

Das Ende des Romantikdiktats: Wie wir neue Verbindungen knüpfen

Das romantische Paar verkörpert heute die ideale Form zwischenmenschlicher Nähe und Liebe und es gilt nicht nur als *Herzstück* unseres gesellschaftlichen Zusammenlebens und der Erfüllung schöner Gefühle, sondern es ist auch die begehrenswerteste Art und Weise, wie wir unser soziales Leben organisieren. Es ist die Basis für soziale Reproduktion, Fortpflanzung und Fürsorge. Und weil es der unantastbare Status Quo ist, sind mit ihm sehr wirkmächtige Normen entstanden: Erst wenn wir Teil eines romantischen Paares sind, ist die Grundlage für gesellschaftliche Teilhabe und Zugehörigkeit geschaffen.[110] So hat uns beispielsweise die Coronapandemie deutlich vor Augen geführt, welche nahen Beziehungen heute überhaupt als legitim gelten und somit gesellschaftliche Teilhabe ermöglichen – wer also Teil des 2-Meter-Radius sein durfte und wer nicht. Menschen, die nicht Teil dessen waren, erlebten soziale Isolation und Ausschluss.

Das romantische Paar wirkt zudem identitätsstiftend und schafft damit eine wichtige Grundlage dafür, wie wir uns selbst betrachten und verstehen. Wir sehen es heute etwa als stabilisierend, erwachsen, reif und verantwortungsvoll, eine Partnerschaft einzugehen, die auf romantischer Liebe basiert. Für Menschen, die nicht Teil eines Paares sind, hat dies Folgen, die zum Teil sehr gravierend ausfallen können: Nicht wenige Menschen erleben beispielsweise Single-Shaming, werden schnell als beziehungsunfähig, einsam oder anpassungsunwillig abgestempelt.[111] Außerhalb dieser Norm zu leben bedeutet, außerhalb oder zumindest am Rande der Gesellschaft zu stehen.

Wir können also durchaus von einer *Paar-Norm* sprechen, die elementarer Teil unserer heteronormativen Kultur ist: An dieser Vorgabe haben wir uns alle zu orientieren, auch wenn sie eigentlich nicht mehr zwangsläufig unserer Lebenswirklichkeit entspricht: Unsere Liebesbeziehungen werden immer kürzer, wir heiraten weniger häufig und lassen uns häufiger scheiden, wir erziehen unsere Kinder allein oder in Patchwork-Konstellationen, ziehen das Leben in Single-Haushalten vor und erleben eine zunehmende Vereinsamung, insbesondere mit steigendem Alter.

Diese Entwicklungen werden durchaus als Folgeerscheinungen von Individualisierungs- und Enttraditionalisierungsprozessen beschrieben. Wenn sich niemand mehr binden und verpflichten wolle, wären Instabilität, Verfall und Auseinanderbrechen des sozialen Zusammenhalts heute kaum noch vermeidbar. Also zurück zur Paar-Norm, der heimeligen traditionellen Familie, in denen wir uns doch so wohl gefühlt haben und noch alles in Ordnung war. Natürlich wissen wir, dass diese subjektive Ordnung nicht für alle Mitglieder der Gesellschaft dasselbe bedeutet, sie beinhaltet und reproduziert viele Ungleichheits- und Abwertungsmechanismen. Es handelt sich eben um eine sehr exklusive Struktur, die die Bedürfnisse vieler hintanstellt. Vielmehr könnten wir für den fehlenden sozialen Zusammenhalt auch den neoliberalen Umbau unserer Gesellschaften in die Verantwortung nehmen.[112] Gerade vor dem Hintergrund der Ökonomisierung so weitreichender Teile unserer Gemeinschaften, dass sogar der (romantische!) Dating-Markt als Paradebeispiel für den Einfluss dieses Prinzips angeführt werden kann, scheint das plausibler.

Die Lösung des Problems liegt im Perspektivenwechsel, denn in diesen Entwicklungen stecken auch Potenziale: Die Krisen und Brüche, die wir aktuell in Sachen Intimität erleben, sind nicht allein destruktiv, sie erzeugen die Möglichkeitsräume, die wir brauchen, um uns von traditionellen, stark heteronormativen Skripten wie der Paar-Norm und den damit einhergehenden Mustern und Institutionen zu befreien.[113] So hat beispielsweise die zunehmende Notwendigkeit von digitalen Meetings und Arbeit aus dem Homeoffice während der Corona-Krise die bisherigen Konventionen rund um eine Anwesenheit am Arbeitsplatz aufgeweicht. Flexible Arbeitsmodelle, die vielen Unternehmen früher als absolutes Ding der Unmöglichkeit galten, konnten sich nach und nach etablieren und stellen vielerorts heute den Alltagsstandard dar. Die diversen Möglichkeiten, wie wir einander nah sein und wie wir Intimität erleben und praktizieren können, sind uns bereits heute viel bewusster als noch vor Jahrzehnten – und sie sind uns mit der Coronapandemie noch bewusster geworden, weil wir eine Krise der Nähe erlebt haben. Auch das Onlinedating hat in den letzten Jahren erheblich dazu beigetragen, dass wir uns mehr Gedanken machen über Möglichkeiten, anderen nah zu sein. Statt diese neuen Praktiken nun als Destabilisierung unseres Lebens zu begreifen, können wir sie auch als Chance betrachten, uns neu zu denken und zu organisieren. Wenn wir die Zwänge des Romantikdiktats hinter uns lassen, können wir vielfältiger sein als wir es jemals zuvor waren.

Die vielen neuen Arten des Zusammenlebens, die hier entstehen können, werden sehr viel beweglicher und auch unbestimmter sein als alles, was wir bislang kennen. Tatsächlich können wir das bereits im Kontext des Onlinedatings beobachten: Hier probieren Menschen Verschiedenes aus, obwohl sie auch Unsicherheitserfahrungen machen. Sie erleben dabei auch viel Neues, ihnen bis dahin Unbekanntes. Diese Erlebnisse stoßen nicht selten eine Auseinandersetzung mit der eigenen Intimitätspraxis und den darin liegenden Wünschen, Bedürfnissen, Begehrlichkeiten, Sehnsüchten und Lüsten an. Und nicht wenige, mit denen ich für meine Studien gesprochen habe, empfinden diese Prozesse im Verlauf ihrer Persönlichkeitsentwicklung durchaus als Bereicherung und Empowerment.[114]

Vielleicht ist die Zeit gekommen, um untereinander neue Bande zu knüpfen. Das Band verstehe ich nicht als Symbol für lebenslange Verbundenheit, wie wir es vom Bild des Ehebundes kennen. Ich möchte den Begriff hier anders verwenden: Mit Bändern lassen sich Dinge *verbinden* und *verknüpfen*. Je nach Stärke des Knotens ist die Verbindung enger und damit vielleicht auch verbindlicher. Inspiriert von den »Fadenspielen« der Philosophin Donna Haraway möchte ich das Band als Symbol aufgreifen, um Möglichkeiten des Zusammenlebens, des Gemeinsamen und Verbindenden zu denken.[115] Bänder – ähnlich wie Fäden – lassen sich spielerisch miteinander verknüpfen: Wir können sie an- und aufnehmen, sie rutschen uns manchmal aus der Hand und das Verknüpfen misslingt oder wir lassen sie ganz bewusst fallen. Auch können wir ganz neue Verbindungen entdecken, die wir nicht kennen und aus denen sich ganz neue Muster knüpfen lassen. Diese *intimen Bande* können gerade verlaufen, aber auch um Ecken gehen oder que(e)r liegen zu den Verbindungen, die wir kennen. Sie sind flexibel und bewegen sich mit uns. Sie sind digital und analog möglich, lassen sich auch durchtrennen, wenn sie zu eng werden und zu sehr einschneiden. Sie bieten uns alle Optionen, die wir für ein besseres Miteinander brauchen.

Das Bild des Knüpfens neuer intimer Bande berücksichtigt auch alle Möglichkeiten eines freiheitlichen Denkens und Handelns. Die Sicherheit, dass diese (Ver-)Bindungen halten, können wir nicht haben, wenn wir zugleich als Menschen frei sein wollen. Umso wichtiger ist es, sich darüber auszutauschen, gemeinsam zu denken und zu beratschlagen, was möglich ist und wie wir unter den Bedingungen einer freien, demokratischen Gesellschaft zusammen leben können.

Sicherlich, es ist schwer, diesen Weg einzuschlagen, weil wir kaum Modelle und Geschichten haben, an denen wir uns orientieren können. Die Frage, welche intimen Beziehungen *in ihrer Vielheit* – also einer unbestimmten Größe an Möglichkeiten – wir entwickeln können, wenn wir nicht wissen, wie das geht, oder wir Angst haben, ist also nicht leicht zu beantworten. Um an diesen Punkt zu kommen, ist es sinnvoll, sich in einem ersten Schritt die Frage zu stellen, was eigentlich wichtig ist, damit wir gut zusammen leben können.

Die Frage aller Fragen: Wie wollen wir *zusammen* leben?

Wir ahnen vielleicht öfter, als uns lieb ist, dass wir unser Leben nur bedingt allein bewältigen können. Auch wenn uns Selbstständigkeit und Selbstverwirklichung heute geradezu heilig geworden sind, verspüren wir immer wieder auch den Wunsch, anderen Menschen nah zu sein. Autonomie ist wichtig, keine Frage, doch wir wollen uns auch geborgen fühlen, gehalten werden und wiederum andere halten. Wir wollen füreinander da sein und wünschen uns, dass auch andere für uns da sind. Es ist eine der wesentlichen Lehren der Coronapandemie, dass ein soziales Miteinander relevanter Teil unseres Lebens ist und wir einander brauchen. Nicht nur emotional, sondern auch physisch, körperlich. Die Sache ist eigentlich recht klar: In unserer Endlichkeit sind wir verhältnismäßig fragile Lebewesen und so brauchen wir Menschen einander und das existenziell.[116]

In bestimmten Lebensabschnitten wird uns diese Angewiesenheit vielleicht bewusster als in anderen. Beispielsweise überlebt kein Kleinkind ohne einen anderen Menschen. Wir wissen also, dass wir allein nicht lebensfähig sind, und zugleich haben wir die Vorstellung, alles allein schaffen zu können. Und vielleicht ist da auch dieses Gefühl, dass andere Menschen bei der Umsetzung unserer Pläne eher stören, uns im Wege stehen. Da ist dann eher geraten, sich auf sich selbst zu fokussieren und sich allein durchzuschlagen. Und dann gibt es auch Situationen, in denen wir deutlich spüren, wie sehr wir auf andere Menschen angewiesen sind. Wenn wir beispielsweise erkältet oder mit einer schwereren Erkrankung im Bett liegen und nicht mal aufstehen können, um uns etwas zu essen zu holen, brauchen wir die Hilfe von anderen Menschen – sei es der Lieferdienst, der uns unsere Einkäufe bringt, oder Freundeskreis und Partner*innen, die für uns kochen.

Aber wie kann Zusammenleben funktionieren, wo wir doch alle unsere eigenen Existenzen mit ganz individuellen Takten und Regeln führen wollen? Lässt sich dieser Spagat schaffen, in einer Zeit, in der klassische Beziehungsformen wie romantische Zweisamkeit, Ehe und Kleinfamilie nicht länger unhinterfragte Lebenswege darstellen? Wir verstehen uns heute in erster Linie als *autonom handelnde Wesen*, die sich allein in der Welt zurechtfinden können und auch müssen. Die Einsicht, dass wir ebenso fragile Wesen sind, die einander brauchen, deckt sich nicht mit unserem Selbstbild. Die mögliche Alternativform dazu, nämlich allein zurechtkommen, wie wir sie in Daniel Schreibers Geschichte wiederfinden, ist jedoch eine sehr privilegierte Lebensform. Zusätzlich dazu, dass auch im Alleinsein die Maßgaben des romantischen Ideals weiter auf uns wirken, können nicht alle Menschen dieses Modell zu jeder Zeit realisieren – sei es aufgrund körperlicher oder psychischer Einschränkungen, oder ökonomischer Faktoren.

Nun stecken wir in einem Dilemma: Es geht nicht mit und es geht nicht ohne andere Menschen. Um diesem Zwiespalt zu entkommen, müssen wir für unsere vielfältigen intimen Bande adäquate Orte des Aufgehobenseins, neue *Zuhause* (im Plural!), erschaffen, die unsere existenzielle Angewiesenheit aufeinander widerspiegeln. Keine leichte Aufgabe, wollen wir innerhalb dieser Gemeinschaften nicht permanenten Ausschluss erzeugen, wie wir es aus der Geschichte kennen. Nun ist aber unser Zuhause ein sehr intimer Ort, und nicht jede*r hat Platz an unserem Tisch, beziehungsweise wollen wir da auch nicht irgendjemanden sitzen haben. Was also tun?

Hier ist es wichtig, eine Haltung zu entwickeln, die es uns ermöglicht, die neuen Gemeinschaften, die wir mit unseren intimen Banden bilden, offen und demokratisch zu gestalten. Das bedeutet, dass sie prinzipiell allen zugänglich sind, um so Menschen eine Teilhabe am gesellschaftlichen und politischen Leben zu ermöglichen. Es kann also nicht um ›eingeschworene Gemeinschaften‹ gehen, für deren Zutritt wir dieses oder jenes leisten müssen, so oder so zu sein haben. Vielmehr ist es wichtig, uns zu vergegenwärtigen, dass wir alle Teil eines großen Ganzen – nämlich dieser Welt – sind, ob wir es wollen oder nicht.[117] Wir müssen eine neue Ethik des Umeinander-Sorgens entwickeln, eine Grundhaltung, die das Miteinander-Verbunden-Sein in den Mittelpunkt stellt und so unsere intimen Bande stabilisiert.

Warum wir einander brauchen

Wie kann also ein konkretes oder praktisches Zusammenleben nun aussehen? Ich denke, dass wir die Antwort auf diese Frage nur dann finden, wenn wir auch die Frage nach der Beschaffenheit unserer Gesellschaft stellen. Denn wie wir unser intimes Leben organisieren, hängt mit gesellschaftlichen Strukturen zusammen und umgekehrt. Heteronormativität, romantisches Ideal, Geschlechterverhältnisse und patriarchale Strukturen und etliche weitere Ungleichheitsverhältnisse sind Teil unserer privaten Lebenswelten. Und in der Privatheit dieser persönlichen Verhältnisse stellen sich wiederum gesellschaftliche Strukturen her. Und das jeden Tag aufs Neue. Wir nehmen uns vielleicht oft vor, es im Konkreten anders zu machen, ausgewogener und gerechter. Aber historisch gewachsene Ungerechtigkeiten haben dennoch große Wirkung auf uns. Beispielsweise die weit verbreitete Annahme, dass es weibliche Pflicht – oder sogar ›Natur‹ – sei, andere Menschen zu pflegen. Auch wenn wir uns auf die Fahne schreiben, gegen dieses Klischee anzugehen, verfestigen unsere Sozialisation oder auch die Wahrnehmung, dass überwiegend Frauen im Care-Arbeitsbereich tätig sind, diese Fehlannahme unablässig aufs Neue.

Diese Ungleichheiten gilt es unbedingt im Blick zu haben, wenn wir über Formen unseres intimen Zusammenlebens, über Nähe, Liebe und Sexualität nachdenken.[118] Denn an unseren Tischen, in unseren Betten und Wohnzimmern haben nicht alle Platz. Wir können diesen Platz nur begrenzt teilen und wir wollen das auch nicht mit jeder Person. Das konkrete Zuhause ist eines, welches immer Ausschluss erzeugt – nur ist es wichtig, sich eben genau jenen Fragen offen zu stellen und gemeinsam mit anderen daran zu arbeiten, eine

demokratische, pluralistische und freie Gesellschaft für alle zu schaffen.[119] Kein leichtes Unterfangen. Vor allem: Wie kann das überhaupt gehen? Und: Wollen wir uns auch noch zu Hause, in unseren Betten und an unseren Tischen mit diesen Fragen beschäftigen? Ich denke, dass wir nicht umhinkommen, uns genau dies zur Aufgabe zu machen. Demokratie ist Arbeit, die etwas von uns verlangt. Und so ist es auch Arbeit, sich mit Fragen des Zugangs sowie des Ausschlusses auseinanderzusetzen. Doch die Reflexion der eigenen Strukturen, also der Beschaffenheit unserer intimen Bande, ist wichtig, um offen zu sein und prinzipiell allen eine Teilhabe zu ermöglichen.

Ich schlage daher vor, uns ganz konkret über Möglichkeiten und Chancen des Miteinanders auszutauschen und auch jenes in den Blick zu nehmen, was sich jenseits unserer normativen Intimverhältnisse befindet. Mit Menschen, die sich bereits auf den Weg gemacht haben – weil sie es aufgrund von Diffamierung mussten oder weil sie es sich einfach anders wünschten. Sie haben sich mit den

Selbstverständlichkeiten unserer vermeintlich »privaten Angelegenheiten«, unseren intimen Verhältnissen, zwangsläufig auseinandersetzen müssen. Diese Auseinandersetzung verdeutlicht, wie eng gesellschaftliche und intime Verhältnisse miteinander verwoben sind und sich bedingen. Sie bietet uns Chancen und wichtige Grundlagen, uns der Aufgabe zu stellen, andere intime Bande zu erzeugen und neue Orte zu schaffen, die uns ein Zuhause sein können. Orte, an denen wir uns geborgen und geliebt fühlen und füreinander da sind, um uns gegenseitig aufhelfen zu können, wenn wir fallen.

Wollen wir diese Orte erschaffen, kommen wir nicht umhin, uns auch mit unserem Selbstbild auseinanderzusetzen. Es ist an der Zeit, unsere Autonomievorstellungen zu verändern, indem wir unsere Angewiesenheit und das Füreinander-da-Sein ins Zentrum unseres Selbstverständnisses stellen. Erst diese Verschiebung kann es ermöglichen, zu einem anderen Miteinander zu kommen, ein Miteinander, welches gegenseitig ist, weil wir eben nicht allein (über-)leben können.

Wir müssen beginnen, uns als grundlegend *relationale Wesen* zu verstehen, das heißt als Menschen, die in Beziehung zueinander stehen und diese Verbindungen auch brauchen. Verändern wir dahingehend unser Selbstbild, können wir auf Vorstellungen von autonomer Individualität und Getrenntsein von anderen verzichten.[120] Dabei geht es nicht um die Abschaffung von Individualität. Vielmehr geht es um eine Überwindung der Vorstellung, dass wir getrennt voneinander existieren. Wir sind keine autarken Planeten, die unverbunden im Universum umherfliegen. Wir sind existenziell miteinander verwoben. Diese Einsicht halte ich für sehr wichtig. Denn: Wenn wir uns als miteinander verbunden verstehen, werden wir unsere Beziehungen anders herstellen und gestalten. Damit will ich nicht sagen, dass wir uns nicht aus Verbindungen lösen können, die uns nicht guttun. In einer freien, demokratischen Gesellschaft muss genau das möglich sein. Dennoch wird sich unser Miteinander ändern, wenn wir begreifen, dass unsere Existenz mit der von anderen zusammenhängt – nicht nur anderen Menschen, auch all den anderen Wesen und Dingen, die auf dieser Welt existieren.

Stellen wir also die Relationalität und die Angewiesenheit unseres Daseins in den Mittelpunkt unseres Selbstbildes. Und um das zu tun, möchte ich auf Ideen einiger Theoretiker*innen zurückgreifen, die sich mit dieser Frage auseinandergesetzt haben. In einigen feministischen Arbeiten wird bereits auf das Konzept der *Sorge* verwiesen, wenn es um ein Selbstbild jenseits des autarken, autonomen Subjekts geht.[121] Allerdings ist hier Vorsicht geboten, weil der Begriff historisch und gegenwärtig durchaus problematisch ist: Das Konzept der Sorge ist voll von Unbestimmtheit und Ambivalenzen und hat zu gravierenden Ungleichheitsverhältnissen geführt, die es bis heute aufrechterhält. Daher ist es zwingend notwendig, Sorge neu zu besetzen.

Folgen wir hier den Thesen Sabine Harks, der gedanklichen Wegbereiter*in dieser Idee, findet ein sich (umeinander) Sorgen auf drei

Ebenen statt, die nicht getrennt nebeneinander her verlaufen, sondern eng mit- und ineinander verwoben sind. Da ist zum einen die Sorge um sich selbst und zum anderen die Sorge um andere. Und schließlich ist da drittens auch die Sorge um die Welt – um all das, was uns allen gemeinsam von Bedeutung ist. Wollen wir, dass es uns gut geht, haben wir auch eine (Sorge-)Verantwortung für andere und anderes, eben weil wir nur in Gemeinschaft mit allen und allem auf dieser Welt existieren können.[122] Eine Grundvoraussetzung für eine neue Praxis des Sich-Sorgens muss also zwangsläufig beinhalten, dass wir auch diejenigen anhören, wahrnehmen, mitdenken und einschließen, die an die Ränder der Gesellschaft gedrängt und marginalisiert wurden und deren Ausgrenzung bis heute Realität ist. Das kann aber nur gelingen, so Hark, wenn wir unser kulturelles Dominanzverhalten *verlernen*. Erst dann können wir auf Augenhöhe und in Vielheit miteinander leben in einer Welt, wo wir alle miteinander zusammenhängen, ob wir wollen oder nicht.

Entprivatisieren wir unsere intimen Verhältnisse!

Es sollte deutlich geworden sein, dass die intimen Bande, die wir knüpfen, wenn wir uns als relationale Wesen begreifen, andere sein werden als die heutigen. Sie finden nicht länger statt in jener *einen* Verbindung, an der unsere Existenz hängt: Es geht nicht länger um den *nur* für uns bestimmten Menschen, wie es uns stets das romantische Ideal erzählt. Wir werden lernen müssen anzuerkennen, dass wir als Menschen in vielfältigen Beziehungen zueinander stehen. Wir befinden uns dann in einem Netz diverser Verbindungen. Ebenso wird Sorge zwischen relationalen Wesen anders ausfallen, als wir es bisher kennen. Gleichzeitig dürfen diese Netze verschiedenen Mustern folgen, sodass wir uns auf unterschiedliche Arten nah sein und uns auf verschiedene Weisen miteinander verbunden fühlen können.

Nun werden Sie sich vielleicht fragen, wie kann das alles gehen, wie wir konkrete Handlungsmöglichkeiten finden, um – wenn wir das denn wollen – zu einem anderen Miteinander, einem anderen Zusammenleben zu kommen. Hier bietet es sich an, die eigene Intimpraxis einmal genauer unter die Lupe zu nehmen. Was tun wir da, wenn wir anderen nah sind? Und mit wem sind wir auf welche Weise nah und wem nicht? Scheuen wir uns dabei nicht, uns auch die etwas unangenehme Frage zu stellen, warum das alles eigentlich so ist, warum wir mit diesen Menschen verbunden sind, mit jenen aber nicht: Wie können *und dürfen* wir zusammen leben?

Es kann natürlich beängstigend wirken, so fest Verankertes hinter sich zu lassen und Neuland zu betreten, doch der erste Schritt in die richtige Richtung ist bereits getan: Wir haben bereits verstanden, dass die Art und Weise, wie wir unser Zusammenleben derzeit gestalten, weder selbstverständlich noch natürlich so gegeben ist. Das eröffnet uns Handlungsspielräume, es hier und da anders zu machen, vielleicht auch nur ein kleines Stück. Denn vermutlich werden es eher leichte Grenzverschiebungen sein als ein kompletter Neuanfang. Aber eines können und sollten wir uns immer wieder vor Augen führen: *Mit Intimität können wir Welten bauen*. Dieser Satz stammt von der Kulturtheoretikerin Lauren Berlant und ist deshalb so beeindruckend, weil er die Verwobenheit von Intimität und einem In-der-Welt-Sein präzise auf den Punkt bringt und zugleich hervorhebt, dass wir tätige Wesen sind. Wir können etwas bauen. Die Praxis unserer Intimität erschafft also Räume und Orte, die schließlich unsere Lebenswelten insgesamt bestimmen.

Wie das konkret aussehen kann, zeigt die Geschichte der queeren Kämpfe und Kulturen.[123] Queere Praktiken und Beziehungen wurden historisch von der heteronormativen Dominanzkultur als absonderlich bis pervers und krankhaft markiert und auf diese Weise marginalisiert, ausgeschlossen, diffamiert und Schlimmeres. In der Auseinandersetzung mit diesen Mechanismen sowie der konkreten Suche nach Orten und Räumen, die eine intime Praxis ermöglichen sollten, haben queere Menschen ihre Praktiken und Beziehungen aus der Privatheit herausgeholt und sie zu einem öffentlichen Geschehen gemacht. So ist der Christopher Street Day, der als Kampf gegen Diffamierung und Ausschluss entstand, heute Symbol und Ort von Vielfalt in Sachen Sexualität und Begehren. Es ging und geht hier nicht allein um das öffentliche Zurschaustellen sinnlicher, sexueller, erotischer, intimer Praxis. Es geht auch darum, die eigene intime Praxis als gesellschaftlich und historisch konstituiert zu begreifen: nämlich als unter diesen Bedingungen erzeugte Praxis.

Dies macht einmal mehr deutlich, dass unsere intime Praxis und unsere Beziehungen gesellschaftlich-historisch bedingt und aus diesem Grund auch formbar und veränderbar sind. Als Teile unseres sozialen Gesamtgefüges ist es unsere Aufgabe, über unsere gesellschaftlichen Verwicklungen nachzudenken, etwas dagegen zu unternehmen, wenn es die Zustände erfordern.[124] Erkennen wir also unsere Handlungsspielräume und nutzen wir sie aktiv. Bauen wir mit Intimität Welten, indem wir unsere intime Praxis als unumstößlich gesellschaftlich, sozial und kulturell erzeugt betrachten. Eignen wir uns diese Praxis bewusst an, indem wir sie sichtbar werden lassen und sie zu öffentlichen Angelegenheiten machen. Sprechen wir über die Selbstverständlichkeiten rund um Intimität nicht nur in unseren Schlafzimmern und an unseren Küchentischen, sondern auch in öffentlichen Räumen – sei es in Medien, in Parlamenten, in Universitäten, an Stammtischen und auf Familienfeiern. Das Private ist politisch – dieser Satz kann nicht oft genug wiederholt werden. Holen wir die Debatten heraus aus ihrer Privatheit und reden wir endlich über unsere Intimverhältnisse!

Nähe, wem Nähe gebührt: Freundschaften ins Zentrum unseres Lebens holen

Aber mit wem knüpfen wir unsere intimen Bande, mit wem bauen wir wie unsere Welten, wenn so viele um uns herum in romantischen Partnerschaften sind, Zeit aufgrund von Lohnarbeit ein knappen Gut darstellt und stetige Mobilität zwischen verschiedenen Orten in prekären Verhältnissen kaum finanzierbar ist? Alles berechtigte Fragen und Einwände. Aber: Vielleicht müssen wir uns und unser Miteinander nicht ganz neu erfinden, uns nicht komplett neu organisieren. Blicken wir uns zuerst einmal um, was bereits da ist. Haben wir eigentlich im Blick, was da alles vor uns liegt? Vielleicht reichen kleine Verschiebungen hier und da. Oder aber wir stellen etwas anderes in den Mittelpunkt unseres Lebens, als wir es bislang gewohnt sind, und gehen damit einen ersten Schritt.

Wie das aussehen kann, lässt sich vielleicht erahnen, wenn wir

Sally Rooneys *Gespräch unter Freunden* lesen. Die Autorin, die als Stimme der Generation der Millennials gilt, entwirft in ihrem Roman eine Liebes*geschichte*, die auf den ersten Blick recht gewöhnlich wirkt: Die beiden Freundinnen Frances und Bobbi, beide Anfang 20 und Studentinnen, lernen das ältere Ehepaar Melissa und Nick kennen und es entsteht eine Affäre zwischen Frances und Nick.

Das Beeindruckende an Rooneys Erzählung ist aber nicht die Schilderung der Affäre – Geschichten dieser Art gibt es zuhauf. Beeindruckend sind die Beschreibungen der vielfältigen Formen und Möglichkeiten, wie Intimität und intime Beziehungen ausgestaltet werden können. Beispielsweise beschreibt Rooney die Freundschaft zwischen Frances und Bobbi ohne Tabus und setzt diese Beziehung fernab vom klassisch-platonischen »Beste-Freundinnen«-Narrativ in Szene: Die Art und Weise, wie sich die beiden nah sind und wie sie ihre Beziehung führen, lässt die Grenzen von Freundschaft, Liebesbeziehung, Sexualität und platonischer Liebe verschwimmen, ohne dass es sonderbar wirkt. Vielmehr erscheinen diese Geschichten einem recht ›normal‹ zu sein, weil Rooney einfach schildert, wie Menschen einander nah sind – greifbar und nahbar, auch wenn diese Erzählungen in unserer Gesellschaft eher selten erzählt werden. Auch wenn Francis und Bobbi immer wieder um die Frage ihres Beziehungsmodells ringen, ist die Beziehung für beide höchst relevant. Offenheit, Ungewissheit und Beweglichkeit heutiger Intimbeziehungen werden hier nicht als Schrecken der Moderne gezeichnet. Vielmehr eröffnet Rooneys Erzählung den Blick für Potenziale, die in den vielfältigen Formen des Sich-Nah-Seins liegen – und das in einem Zeitalter, in dem sich nichts dauerhaft festhalten lässt.

Warum sagen wir unseren Freund*innen eigentlich nicht auch wie Frances Bobbi im Roman, dass sie die Lieben unseres Lebens sind? Anders gefragt, warum empfinden wir das nicht einmal so? Weil es nicht geht? Es mag einem fast absurd vorkommen, dies zu Freund*innen zu sagen. Könnten die dann vielleicht denken, dass wir uns verliebt haben und eine romantische Liebesbeziehung mit ihnen führen wollen? In romantischen Liebesbeziehungen sagen wir diesen Satz immer wieder aufs Neue, trotz der vielen Erfahrungen des Scheiterns und der Zerwürfnisse. Warum geht uns allein das Wort Liebe in freundschaftlichen Beziehungen so schwer über die Lippen? Dabei sind es doch meist Freund*innen, die uns über lange Zeit unseres Lebens begleiten. Sie sind es, die da sind und uns stützen und für die wir da sind, wenn sie Hilfe brauchen – neben all den freudvollen Momenten, die wir gemeinsam erleben. Ich meine, es ist an der Zeit, eine Perspektive auf Freundschaften zu entwickeln, die diese Beziehungen mehr in den Fokus nimmt und sie zum Ausgangspunkt unseres Lebens macht: Freund*innen als *Lieben unseres Lebens.*

Was verstehen wir eigentlich unter Freundschaften?

Werden Menschen in Deutschland danach gefragt, was sie persönlich im Leben für besonders wichtig und erstrebenswert halten, steht seit Jahren auf Platz eins »Gute Freund*innen haben, enge Beziehungen zu anderen Menschen«.[125] Und es sind vor allem jüngere Befragte sowie Menschen, die in keiner romantischen Liebesbeziehung sind, denen diese Beziehungen sehr wichtig sind und die viel Zeit mit Freund*innen verbringen.[126] Aber was zeichnet Freundschaften eigentlich aus? Was macht sie für uns so wichtig und bedeutsam? Und warum verändert sich das, wenn wir älter sind beziehungsweise in romantischen Beziehungen stecken?

Einem allgemeinen Verständnis nach sind Freundschaften hierzulande *platonische* Beziehungen, die romantische, sexuelle und sinnlich-erotische Aspekte der Beziehung ausklammern. Diese Vorstellung gründet auf einem Modell von Freundschaft der griechischen Antike, welches sich – durch christliche Interpretationen leicht abgewandelt – über die Jahrhunderte in Europa verbreitet und zur Norm entwickelt hat.[127] Es ist heute ›normal‹, platonische Freundschaften zu führen. So werden (in der Regel) Fragen um Möglichkeiten körperlich-sexueller Nähe in Freundschaften nicht ausgehandelt. Vielmehr gehen wir stillschweigend davon aus, dass diese Ebenen sogar ganz selbstverständlich ausgeschlossen sind. Werden die Grenzen dann doch überschritten – wie beispielsweise in Freundschaft Plus-Beziehungen –, entstehen schnell Schwierigkeiten.

Freundschaften sind soziale Beziehungen, die wir selbst gewählt, freiwillig und auf Augenhöhe führen und die uns nicht selten über einen längeren Zeitraum begleiten, manchmal sogar ein Leben lang. Freundschaften beginnen wir allerdings nicht so bewusst wie unsere romantischen Liebesbeziehungen: Es gibt kein Pendant zu dem Moment, in dem sich zwei Menschen gegenseitig sagen, dass sie sich lieben und zusammen sein wollen – der Moment, in dem das Liebespaar geboren wird und welchem dann bestimmte Skripte, Strukturen und Regeln in der Praxis der romantischen Liebesbeziehung folgen werden.

Soziologisch betrachtet ist die Freundschaft eine sehr alte Sozialform: Bereits in der Antike haben Menschen es als gesellschaftlich relevantes Thema identifiziert und sich mit Fragen des sozialen Stellenwertes von Freundschaften intensiv auseinandergesetzt. Trotz dieser Geschichte entzieht sich Freundschaft wissenschaftlichen sowie alltagspraktischen Definitionen: Sie lässt sich kaum eindeutig bestimmen und es lassen sich etliche Varianten von Freundschaften finden. Sandkasten-Freundschaften, Besties, Sportsfreund*innen, Freundschaft Plus-Beziehungen, Kumpels oder ähnliches – es gibt viele Formen, wie wir miteinander befreundet sein können. Aus diesem Grund sprechen wir wissenschaftlich eher von einer ganzen »Familie abstrakter Beziehungsformen« als von *einer* Beziehungsform mit klar bestimmbaren Eigenschaften.[128] Freundschaften zeichnen sich also dadurch aus, dass sie nicht institutionalisiert und ihre Formen und Varianten vielfältig sind.

Wissenschaftlich ist das Thema Freundschaft lange Zeit vernachlässigt worden.[129] Und obwohl sich das Wissen um Freundschaften in den letzten Jahren – nicht zuletzt durch Forschung, die LGBTQIA+ Lebenswelten in den Blick nimmt – ein wenig erweitert hat, ist über sie immer noch wenig bekannt. Was wir allerdings heute wissen: Auch Freundschaften funktionieren nicht ohne Regeln oder Struktur. Sie folgen Skripten sozialer Verpflichtungen und Verbindlichkeiten und sie haben nicht immer nur positive Effekte, auch wenn wir sie freiwillig und gegenseitig führen.[130] Beispielsweise werden auch in Freundschaften grundlegende Fragen um Nähe, Form und Grenzen der Beziehung miteinander geklärt. Sie sind also Arbeit, unsere Freundschaften, auch wenn sie Medien und Gesellschaft oftmals als Sinnbild der Leichtigkeit zeichnen.

Trotz dieser vielleicht eher als negativ wahrgenommenen Aspekte haben Freundschaften so einiges zu bieten: Hier können wir uns nah sein, vieles teilen und Sorge umeinander tragen – und das meist ohne Notwendigkeit. Das Umeinander-Sorgen ist hier kein romantischer Liebesdienst. Auch können wir auf sehr unterschiedliche Weise miteinander befreundet sein: Mit manchen Freund*innen teilen wir die Wohnung, mit anderen machen wir einmal im Jahr Urlaub, mit wieder anderen gehen wir regelmäßig zum Sport oder in die Bar, mit manchen telefonieren und chatten wir täglich, wiederum andere sind Ansprechpartner*in, wenn uns etwas auf dem Herzen liegt. Aber obwohl Freundschaften uns sehr wichtig sind, kann es vorkommen, dass wir sie vernachlässigen, wenn wir uns verlieben, wenn wir uns romantisch verbinden und Familien gründen. Wir haben dann einfach nicht mehr so viel Zeit, unsere Freundschaften zu pflegen. Dies kann dann zu einem späteren Zeitpunkt in unserem Leben zu einem Problem werden, wenn wir uns trennen und unsere Familien zerbrechen: Wer ist dann da, wenn alles zuvor auf eine Person oder eine Kleinfamilie ausgerichtet war?

Freundschaften eröffnen uns hingegen vielfältige Möglichkeiten zur freien Gestaltung unserer intimen Welten, gerade weil sie *nicht institutionalisiert* sind und weil sie nicht voraussetzen, alles sein zu müssen. Wir können verschiedene Formen von Freundschaften leben und viele Freund*innen haben – auch wenn das »Beste-Freund*innen«-Narrativ noch stets sehr wirkmächtig ist. Wollen wir neue Welten bauen und diverse intime Bande knüpfen, bieten Freundschaften ein bislang übersehenes Potenzial, gerade weil sie im Gegensatz zu romantischen Beziehungen keinen so sehr klaren, über die Jahrhunderte etablierten Strukturen folgen. Weil sie nicht zwangsläufig nach Schema F verlaufen, können sie uns in die Lage versetzen, Neues zu erschaffen – wenn wir das denn wollen. Und nebenbei durchbrechen wir normative Lebensweisen, die uns vorschreiben, dass unsere Erfüllung in der romantischen Liebesbeziehung zu finden ist.

In Freundschaften können wir also neue intime Bande knüpfen und intime Praktiken entwickeln, die jenseits idealisierter, romantischer Liebesbeziehungen – und deren kaum auflösbaren Ambivalenzen – verortet sind. Beispielsweise können wir sexuelle Freundschaften oder Freundschaften, die sich über Klassen, Generationen, Geschlechter und andere Unterschiede erstrecken, entwickeln. Oder wir können romantische Freundschaften eingehen und uns versichern, füreinander da zu sein, uns gegenseitig zu unterstützen, wenn das nötig ist. Freundschaften erlauben uns – und das ist ihr großes Potenzial – insgesamt mehr Variation im Zusammenleben. Aber warum verpflichten wir uns in unseren Freundschaften nicht in gleichem Maß, wie wir es in romantischen Liebesbeziehungen tun? Warum warten wir eher darauf, bis wir diese eine Person finden, mit der all unsere Wünsche in Erfüllung gehen und alle Bedürfnisse gestillt werden, statt uns guten Freund*innen zuzuwenden, um zumindest Teile dieser Wünsche und Bedürfnisse umzusetzen?

Willst du mit mir … Freundschaft? Lieben geht auch anders

Das romantische Ideal verlangt von uns unhintergehbare Treue unseren Partner*innen gegenüber – auch wenn es die gerade nicht gibt. Dabei geht es nicht allein um sexuelle Treue, sondern es geht um Alltags- und Lebensplanung insgesamt. Da ist kaum Platz für andere Verpflichtungen und Verbindlichkeiten. Und weil die Sehnsucht so groß ist, sich in der romantischen Zweisamkeit zugehörig und anerkannt zu fühlen, ist es nach wie vor das, was uns alle antreibt. Binden wir uns beispielsweise zu sehr an Freund*innen, dann könnte es sein, dass wir Mrs. oder Mr. Right nicht finden – weil wir keine Zeit haben zu suchen oder weil wir diese *eine* Person vielleicht sogar abschrecken, wenn wir zu enge Freundschaften haben. Denn diese könnten verhindern, dass *The One and Only* auch wirklich unser Ein und Alles werden kann. Folgen wir dem romantischen Ideal, gibt es neben der einen Liebe keine anderen Lieben. Das muss aber nicht so sein.

In ihrem Buch *lieben lernen* lenkt bell hooks unseren Blick auf eine Form intimer Beziehungen, die historisch seit dem viktorianischen Zeitalter existiert, heute jedoch in Vergessenheit geratenen ist: die *romantische Freundschaft*, auch Boston Ehe genannt.[131] Diese Freundschaften, so hooks, kamen (meist) ohne sexuelle Handlungen aus, auch wenn die Beziehung von einer »erotischen Leidenschaft« geprägt war – nur habe man sich eben bewusst gegen sexuelle und erotische Handlungen entschieden. Und das ist das Besondere dieser Beziehungen: Die sexuelle oder erotische Spannung muss nicht hinderlich für die Entwicklung der Beziehung sein, sondern kann diese vielmehr intensivieren. Für uns heute kaum vorstellbar, dass Menschen trotz dieser Empfindungen eine sehr nahe Beziehung aufbauen (können), ohne darunter zu leiden, dass bestimmte Sehnsüchte unerfüllt bleiben.

Wenn wir uns aber umschauen, finden wir auch heute Modelle dieser Art. Beispielsweise kann die Beziehung zwischen Francis und

Bobbi aus Rooneys *Gespräch unter Freunden* durchaus als eine romantische Freundschaft verstanden werden. Die erotische Spannung zwischen den beiden Freundinnen ist wie eine Art Motor, der die Intensität der Beziehung am Laufen hält und sie verstärkt. Hier ist eine intime Beziehung entstanden, in deren Zentrum nicht die Romantik steht, die die Grundlage für eine romantische Liebesbeziehung hätte bilden können, sondern die Freundschaft. Diese Art von Beziehung zu führen, schließt nicht aus, auch romantische Liebesbeziehungen zu führen, verrät uns hooks. Nur ist das Zentrum des Lebens nicht zwangsläufig die romantische Liebesbeziehung.

Ähnlich ist dies auch bei der *freundschaftszentrierten Lebensweise*: Hier stellen Menschen Freundschaften bewusst in den Mittelpunkt ihres Lebens. Die Psychologin Doreen Kruppa hat diese Lebensweisen untersucht, und ihre Ergebnisse zeigen, dass sich romantische Liebesbeziehungen und freundschaftszentrierte Lebensweisen nicht ausschließen müssen. Allerdings verändert sich der Fokus, wenn

Menschen freundschaftszentriert leben, und in der Folge wird die romantische Partnerschaft dezentralisiert. Begründet wird dies meist damit, dass traditionelle Beziehungsmodelle wie die Kleinfamilie und Co. als zu einengend wahrgenommen werden.[132] Die Dezentralisierung zieht dann auch Verschiebungen bei Sorgeverantwortlichkeiten innerhalb der Beziehungsgeflechte nach sich: So sehen Menschen in lebenszentrierten Freundschaften gegenseitige Sorgearbeiten als ebenso zentral an wie in romantischen Partnerschaften. Emotionale, praktische, aber auch finanzielle Unterstützung ist ebenso Teil dieser Freundschaften. Geht es beispielsweise einer Freund*in schlecht oder kommt es zu Krisensituationen, können auch Freund*innen eine Schulter zum Anlehnen bieten. Das bricht also auch mit der Vorstellung, dass romantische Partner*innen für alle Bedürfnisse und Belange jederzeit zuständig zu sein haben.

In freundschaftszentrierten Lebensweisen sind auch körperliche und sexuelle Aspekte zwischen Freund*innen nicht ausgeschlossen.

So zeigen die Ergebnisse von Kruppa, dass sich gegenseitig in den Arm nehmen, kuscheln und auch mal ein Bett teilen ebenso zu diesen Freundschaften gehören wie Sex und Erotik.[133] Auch in meiner Forschung sind immer wieder Fälle aufgetaucht, in denen Erotik, körperliche Anziehung und Sex zu intensiven Freundschaften geführt haben, wie beispielsweise die Geschichte von Marlis und Sebastian oder auch meine Geschichte mit Philipp verdeutlichen. Und es sind vor allem Auseinandersetzungen mit Fragen um Formen, Grenzen und Möglichkeiten der Beziehungen, die nicht selten zu mehr Nähe zwischen Menschen, die sich gerade kennenlernen, geführt hat. Was für die einen als emotionale Belastung wahrgenommen wird, ist für andere der Antrieb, der die Beziehungsentwicklung überhaupt erst in Gang setzt.

Wie gesagt, sind die Gründe für die Haltung, Sex verkompliziere die Sache, durchaus in patriarchalen Denkstrukturen zu suchen, die es zu hinterfragen gilt. Es muss sich schlichtweg nicht ausschließen, freundschaftsfokussiert zu leben und dabei auch Sex und Erotik zu teilen. Scheuen wir uns also nicht davor, auch über den gesellschaftlichen Stellenwert von Sexualität und sexueller Praxis zu diskutieren, um hier zu einer vielfältigeren Praxis zu gelangen, die es auch ermöglicht, dass wir liebevollen Sex mit unseren Freund*innen haben können – wenn wir das denn wollen.

Wie Menschen diese Lebensweisen wahrnehmen, wie es ihnen damit geht, ist heute kaum untersucht. Ich wage die These, dass diese Praktiken durchaus als erfüllend erlebt werden, aber auch dadurch gekennzeichnet sind, dass Menschen in der Bestimmung der Formen ihrer intimen Bande immer wieder ringen müssen. Ich denke, das bleibt uns nicht erspart. Aber das muss nichts Schlechtes sein. Verstehen wir es eher als Ausgangspunkt möglicher Transformationen: In der Auseinandersetzung mit den Selbstverständlichkeiten unserer Intimpraxis kann dieses Ringen, die fortwährende Aushandlung unserer Wünsche und Vorstellungen, uns antreiben, unser Zusammenleben zu verändern, vielleicht sogar es zu revolutionieren. Greifen wir also die innovativen Ideen auf, die bereits vor unseren Füßen liegen, und beginnen wir mit der Arbeit. Es lohnt sich.

Bauen wir die Welt, wie sie uns gefällt

Erinnern wir uns an den Gedanken von Lauren Berlant, dass wir mit *Intimität Welten bauen*, können wir eine Vorstellung davon entwickeln, wie sich unsere gemeinsame Zukunft gestalten lässt. Das Erschaffen unserer Lebenswelten, von Räumen und Bedeutungen, läuft prozesshaft. Es kommt nie zu einem Ende, das die erreichten Zustände einfriert. Das bedeutet natürlich nicht, dass unser Schaffen keine Früchte trägt und keine konkreten Ergebnisse hervorbringt. Und dies gilt auch

für unsere intimen Bande. Allerdings wissen wir nicht, ob diese Ergebnisse – zum Beispiel das Eingehen einer Freundschaft oder Liebesbeziehung – von Bestand sein werden. Wir wissen es deshalb nicht, weil sich unsere Welten wie auch wir selbst uns verändern werden.

Versuchen wir uns das doch einmal visuell vorzustellen: Wir haben einen Ort mit verschiedenen Gebäuden, immer wieder mal kommen neue hinzu, es kann aber auch passieren, dass alte Konstruktionen abgerissen werden müssen, weil sie sich als instabil und somit unsicher herausgestellt haben. Vielleicht werden wir im Laufe der Zeit auch neue Materialien entwickeln oder andere Arten des Bauens. Unsere Gebäude werden dann eine ganz andere Beschaffenheit haben, eine, die wir uns heute noch nicht vorstellen können. Schließlich kann es auch sein, dass wir irgendwann feststellen, dass der Grund und Boden, auf dem wir bauen, gar nicht (mehr) geeignet ist, um unsere Vorhaben umzusetzen. Es gibt an unserem Ort also viel zu tun, viel zu bauen, und all diese Tätigkeiten finden kein Ende.

Das alles bedeutet natürlich Arbeit. Dafür Zeit zu finden, wo wir doch alle bis zum Hals in Lohn- und Hausarbeit stecken, oder es auch noch mit mehr als einem Menschen zu bewerkstelligen, klingt nicht nur aufwendig. Neben all den Diskussionen und Aushandlungen mit unseren zukünftigen romantischen Partner*innen sollen wir jetzt auch noch alles mit unseren Freund*innen besprechen und verhandeln? Es gilt, einen Umgang zu finden mit den Ambivalenzen von Nähe und Distanz und von Stabilität und Wandel. Diese Umsetzungsfragen sind berechtigt und sie führen uns zwangsläufig zu den derzeitigen Strukturen und Rahmenbedingungen unseres gesellschaftlichen Lebens. Beides lässt sich nicht getrennt voneinander betrachten.

Neben diesem Mehraufwand könnte man auch meinen, dass wir gerade in einer Zeit, in der so vieles unsicher ist und eine Krise die nächste jagt, nicht unsere Sicherheitsbastionen aufgeben sollten: Wir sollten diese wärmenden Orte eher stärken, könnten sie uns doch vor der ›Kälte des Systems‹ und seinen neoliberalen Tendenzen schützen. Wieso sollten wir so unvernünftig sein, eine Partner*in, eine Familie, die uns stützt und Sicherheiten bietet, aufzugeben?

Dabei ist uns mittlerweile allen bewusst, dass unsere gegenwärtigen Intimverhältnisse alles andere als stabil und sicher sind – auch wenn wir uns kaum etwas sehnlicher wünschen. Unsere intimen Verhältnisse sind heute *nicht auf Dauer* stabil, die Situation ist insgesamt sehr dynamisch und viele von uns finden sich stets aufs Neue in Intimitätskrisen wieder. Mit diesen Erfahrungen im Gepäck fühlen sich viele Menschen verunsichert und verängstigt – was sie zunehmend in der Suche nach der *einen* richtigen Person antreibt: Ein regelrechter Teufelskreis serieller Romantik, aus dem wir uns schwer befreien können. Daher ist die Frage wichtig, wie wir mit dieser Dynamik umgehen können, ohne uns stets unsicher zu fühlen, ohne immer Angst zu haben, dass nichts mehr von Bestand ist, dass unser Zuhause zerbricht, unsere Partner*innen uns verlassen, unsere Freund*innen sich von uns abwenden und so weiter. In einer freien, demokratischen Gesellschaft lassen sich diese dynamischen Prozesse nicht grundsätzlich vermeiden. Sie sind schlicht Teil unserer Freiheit, unsere intimen Bande auch wieder auflösen zu können. Wollen wir diese Freiheiten nicht aufgeben, ist es wichtig, dass wir einen Umgang mit diesen Unsicherheitsdynamiken finden.

Wir brauchen dringend einen Perspektivwechsel: Wir können anders damit umgehen, wenn wir Offenheit, Beweglichkeit und Uneindeutigkeit innerhalb unserer intimen Verhältnisse nicht als permanente Bedrohung betrachten, sondern als Ausgangspunkt für Transformationen und gemeinsames Wachsen. Welche Wege sich diese Sichtweise dann im Labyrinth der Möglichkeiten suchen wird, können wir vorher nicht wissen. Ganz praktisch können wir den Unsicherheiten zum Beispiel begegnen, wenn wir nicht weiterhin allein auf romantische Partnerschaften setzen. Wir sind es gewohnt, uns als Single oder in einer romantischen Beziehung zu denken. Lasst uns auf eine Vielzahl an Beziehungen setzen, statt immer nur auf ›diese eine‹. Wir sind nicht ›Single‹, wenn wir in vielfältigen nahen Beziehungen sind, die nicht zwangsläufig romantisch sein müssen.

Lassen wir uns darauf ein, unsere intimen Bande als beweglich und offen zu begreifen, als Tätigkeit und Praxis, als etwas, das wir gemeinsam erschaffen können, erscheint Wandel nicht mehr als Bedrohung. Unser Blick ist dann vielmehr auf das gerichtet, was wirklich zählt, nämlich unsere intimen Beziehungen und ihre Gestaltung. Und genau das sollten wir tun, unser intimes Leben *aktiv* gestalten, denn die Sphären von Privatheit und Öffentlichkeit sind nicht als gegensätzlich voneinander zu betrachten, sondern als aufs Engste verwoben. Das, was wir in unseren Betten und an unseren Küchentischen machen, ist in höchstem Maße gesellschaftlich: Wir haben also unsere gesellschaftlichen Verhältnisse in der Hand, und es ist an uns, sie zu ändern. Ich finde, es ist an der Zeit, unsere intimen Welten nicht allein auf dem Boden des romantischen Diktats zu bauen, sondern dafür zu sorgen, dass sie endlich auf einem breiten Fundament entstehen.

Jenseits des Paares: Verantwortung in Gemeinschaft

Dass unsere intimen Verhältnisse in der Krise sind und wir uns damit gesellschaftlich auseinandersetzen sollten, was es für Wege geben kann, eine krisenbeständigere Praxis zu entwickeln, ist auch politisch Verantwortlichen in Deutschland klar geworden. Aktuell wird offen über neue Modelle eines rechtlich abgesicherten Miteinanders nachgedacht, und mit gezielten Maßnahmen will die Ampelregierung auf die veränderten Gegebenheiten im persönlichen Miteinander reagieren. Dafür plant sie Ende 2023 die Einführung eines neuen Rechtsinstituts: Neben Blutsverwandtschaft und Ehe soll die *Verantwortungsgemeinschaft* Menschen in Deutschland ermöglichen, auch in Freundschaften oder Wohngemeinschaften rechtlich abgesichert Verantwortlichkeit füreinander zu übernehmen. Vorbild ist der *pacte civil de solidarité* (PACS), ein ziviler Solidaritätspakt, der in Frankreich 1999 eingeführt wurde. Wurde der PACS anfänglich vor allem von Menschen aus dem queeren Spektrum in Anspruch genommen, hat sich dies 20 Jahre nach Einführung stark verändert: Heute sind 96 von 100 PACS-Paaren heterosexuell.[134] Dies zeigt, wie attraktiv der PACS in Frankreich für weite Teile der Gesellschaft geworden ist.

Mit der Verantwortungsgemeinschaft soll nun auch in Deutschland die Übernahme von Verantwortung jenseits der Ehe Realität werden – mit einem entscheidenden Unterschied zum französischen Pendant: Der Gesetzesvorschlag der Ampelkoalition sieht vor, dass *zwei oder mehr* volljährige Personen eine Verantwortungsgemeinschaft vor dem Standesamt beantragen können.[135] Nun können Freund*innen, ganze Freundeskreise, Wohngemeinschaften, Menschen in polyamorösen Beziehungsgeflechten oder anderen Formen intimer Beziehungen (zum Beispiel auch Stiefeltern oder Alleinerziehende) rechtliche Absicherung erhalten. Mit einer Art Stufenmodell soll es dann möglich sein, die Verantwortungsübernahme auf unterschiedliche Weise zu gestalten: Auf der untersten Stufe geht es um Auskunfts- und Vertretungsrechte in medizinischen Belangen, auf höheren Stufen geht es dann auch um Fragen des Unterhalts, Steuerfreibeträge, Rentensplitting und Freibeträge bei Erbschaftssteuern.[136] Geplant ist außerdem, dass die Gemeinschaft jederzeit konsensual wieder aufgelöst werden kann.

Das Gesetzesvorhaben wird durchaus kontrovers diskutiert. Die traditionelle Familie werde durch die Einführung der Verantwortungsgemeinschaft geschwächt, heißt es aus Reihen der Opposition.[137] Auch sind Stimmen zu vernehmen, dass die »kleine Ehe« eine geringere Bindungskraft haben werde als die traditionelle Ehe – mit der Folge, dass Bindungen zwischen Menschen zunehmend beliebiger und unverbindlicher würden.[138] Der Blick nach Frankreich verrät allerdings gegenteilige Entwicklungen: Auflösungsraten von PACS-Partnerschaften sind niedriger als Scheidungsraten, und in den städtischen Regionen werden heute mehr PACS-Partnerschaften als Ehen geschlossen.[139] In Deutschland könnte sich dies mit der Einführung der Verantwortungsgemeinschaft ähnlich entwickeln.

Nicht nur polyamorös lebende Menschen dürften sich über dieses Gesetzesvorhaben freuen, auch Menschen, die freundschaftszentriert leben oder in Wohngemeinschaften bereits praktisch Verantwortung füreinander übernommen haben, ohne dabei bislang rechtlich abgesichert zu sein, werden von dem Gesetzesvorhaben profitieren. Mehr noch: Einer breiten Mehrheit, für die romantische Liebe, Kleinfamilie und Ehe stets als ideale und einzig denkbare Formen des Zusammenlebens gegolten haben, werden weitere Möglichkeiten jenseits dessen zur Verfügung stehen. Optionen außerhalb der gewohnten Beziehungsgeflechte werden dadurch auch für einen großen Teil der Menschen in Deutschland sichtbar und damit vielleicht auch eher praktizierbar sein. Es ist ein wichtiger Schritt zur Erweiterung der Möglichkeiten, was in einer pluralistischen Gesellschaft nur von Vorteil sein kann.

Gerade weil die Verantwortungsgemeinschaft über die klassische Antwort der normativen *Zweisamkeit* hinausgeht, bietet sie auch Handlungsspielraum für aktive Gestaltungsmöglichkeiten unserer intimen Welten: Weil das Modell die konkrete Form der Gemeinschaft nicht vorgibt und auch mehr als zwei Menschen Teil dessen sein können, liegt der Idee eine *Vielheit* an Arten und Weisen, wie wir zusammenleben können, zugrunde. Wer mit wem auf welche Weise verbunden ist, welche Positionen Menschen und Beziehungen innerhalb der Verantwortungsgemeinschaften erlangen werden und wie die Gemeinschaften diese konkret ausgestalten, ist offen. Hiermit überschreitet es bisher gegangene Wege, wie sie beispielsweise in Frankreich beschritten wurden.

In einer alternden Gesellschaft mit zunehmender Singularisierung von Lebensentwürfen, familiären Zerwürfnissen, Dauerkrisen und drohender Klimakatastrophe kann die Aktivierung gegenseitiger Verantwortungsübernahme jenseits der Ehe und Kleinfamilie durchaus als im Liberalismus begründete Antwort verstanden werden: Mit der Verantwortungsgemeinschaft soll schließlich eine Entlastung des Sozialstaats erreicht werden.[140] Die Devise lautet: Weniger Staat, mehr Eigenverantwortung. Hier werden also rechtliche Rahmenbedingungen geschaffen, um neben Ehe und Familie auf weitere Verantwortungsmodelle zu setzen. Diese Entwicklungen sind durchaus kritisch zu betrachten, verlagern sich hier Verantwortlichkeiten vom Staat auf die Bürger*innen.

Dennoch halte ich die Verantwortungsgemeinschaft für ein Modell mit vielen Potenzialen. Es ergänzt die Möglichkeiten des Miteinanders und Zusammenlebens, indem es ein verbindlicheres Miteinander jenseits romantischer Zweisamkeit und Kleinfamilie möglich macht. Mit dem Modell können wir selbst wählen, mit wem wir eine Art Familie gründen wollen, ohne zwangsläufig auf das Konzept Romantik, Ehe und Blutsverwandtschaft setzen zu müssen. Hier entsteht eine Art *Chosen Family*, eine Wahlfamilie. Das ist an sich keine neue Idee, wie die Geschichte der queeren Kultur uns zeigt. Hier haben sich Menschen jenseits ihrer biologischen Familien, aus denen sie meist ausgeschlossen wurden, in selbst gewählten familienähnlichen Strukturen zusammengefunden. Allerdings sind diese Modelle rechtlich nicht abgesichert und aus diesem Grund sehr fragil.

Mit der Verantwortungsgemeinschaft plant die Ampelregierung, hier für rechtliche Sicherheit zu sorgen. Auch wenn zu Beginn ihres zweiten Regierungsjahres noch nicht endgültig feststeht, ob und wann das Gesetzesvorhaben umgesetzt werden soll, halte ich es für zwingend notwendig, sich mit diesen Fragen weiter zu beschäftigen. Wir müssen rechtliche Möglichkeiten des Zusammenlebens schaffen, die über aktuelle Formen und Modelle hinausgehen, gerade um den auseinanderfallenden gesellschaftlichen Zusammenhalt in den Griff zu bekommen. Wir stecken in einer Intimitätskrise, aus der wir wieder herauskommen müssen. In einer pluralistischen und freien Gesellschaft brauchen wir vielfältige Möglichkeiten, unsere intimen

Welten zu bauen. Das kann auch eine Chance für die Romantik an sich sein, denn sie muss nicht mehr alles für uns leisten und bedeuten. Vielleicht ist sie dann einfach das Sahnehäubchen unserer intimen Welten, die getragen sind von vielen Säulen.

Selbstgewählt und veränderbar, aber dennoch verbindlich: Lieben 2.0

Wenn wir uns durch Intimität Welten bauen können und wollen und dabei vielleicht Formen entwickeln, die sich von klassischen Modellen unterscheiden, stellt sich durchaus die Frage, wie verlässlich und verbindlich diese Beziehungen sind oder sein können. Wie lassen sich solche Bande knüpfen in einer Welt, die stets in Bewegung ist, in der sich so wenig festhalten und fixieren lässt? Wenn wir beispielsweise eher freundschaftszentriert leben wollen, stellt sich die Frage, ob wir uns auf unsere Freund*innen verlassen können, wenn wir sie brauchen. Ebenso ob sie sich auch auf uns verlassen können. Vor allem wenn wir, wie so häufig außerhalb romantischer Zweierbeziehungen, nicht in unmittelbarer Nähe wohnen. Wie kann es gehen, unser Leben aufeinander abzustimmen, wenn wir alle unsere eigenen Pläne, Wohnungen und Wünsche haben? Von unseren romantischen Partner*innen erwarten wir stets Verlässlichkeit, Freundschaften erscheinen uns da weniger verbindlich. Ist es nicht merkwürdig, dass wir mit Menschen, die wir erst kurz kennen, mehr Dinge aushandeln, absprechen und planen als mit unseren langjährigen Freund*innen? Es ist Ergebnis sozialer Normen und Regeln, dass wir Verbindlichkeit in dem einen Fall erwarten und auch selbst herstellen, im anderen aber nicht. Und weil diese Dinge sozial hergestellt sind, lassen sie sich auch ändern.

Wir sollten uns also alle die Frage stellen, mit wem wir wie verbindlich sein wollen. Wenn wir andere Formen des Zusammenlebens entwickeln wollen, um den Intimitätskrisen zu begegnen, ist diese Frage nicht irrelevant, weil sie auch ganz praktische Aspekte des Zusammenlebens betrifft: Wollen wir beispielsweise mit Freund*innen ein Kind großziehen, brauchen wir Verbindlichkeit, sonst droht am Ende die alleinerziehende Elternschaft. Die geplante Verantwortungsgemeinschaft bietet hier eine rechtlich bindende Antwort. Doch es gibt auch andere Möglichkeiten.

Stellen wir uns die Frage nach Verbindlichkeit einmal grundsätzlicher. Es gibt keine Garantie, dass unsere Beziehungen von Bestand sein werden. Sie sind stetig im Fluss. Wir sind entsprechend nicht auf Ewig *ge*bunden, sondern wir sind für eine gewisse Zeit miteinander *ver*bunden. Auf Basis dieser Annahme können wir vielfältige Beziehungen, verschiedene Arten und Weisen der Nähe und Formen der Verbindlichkeit *parallel* entwickeln. Intime Verbindlichkeit ist schließlich etwas, das mit der Zeit wächst, nichts, was sich von heute auf morgen einfach so herstellen lässt. Gegenüber Menschen, die wir schon recht lange kennen und denen wir uns sehr nah fühlen – wie etwa Freund*innen –, sind wir also vermutlich bereits verbindlicher als gegenüber den meisten Menschen, die wir gerade erst kennenlernen. Wenn wir Verbindlichkeit nicht mit der Form der Beziehung verknüpfen, wie etwa einer romantischen, sondern mit dem Prozess, den wir mit einem anderen Menschen eingehen, gelangen wir zu einer neuen Perspektive.

Es ist eine *transformative Verbindlichkeit*, die die Entwicklungen des Miteinander-in-Beziehung-Stehens in den Mittelpunkt stellt. Wir sind füreinander verantwortlich, wenn wir verpartnert sind; verändert sich unser Verhältnis, endet die Verpflichtung gegenüber dem Menschen, dem wir nah waren. Transformative Verbindlichkeit hingegen zielt darauf, dass sich die Partnerschaft in ihrem Wesen prinzipiell verändern darf. Wir können uns verpflichten, diese Veränderungen gemeinsam anzugehen, und zwar als eine Entscheidung, die wir aktiv treffen können: Es steht uns also frei, auch mit Freund*innen verbindliche Lebensplanung zu betreiben. Niemand hält uns davon ab, außer vielleicht das Romantikdiktat mit seinen leeren Versprechungen. Internet und Dating-Plattformen bieten die Möglichkeit, dass wir Gleichgesinnte finden, Menschen, die an einem ähnlichen Punkt sind und das Experiment wagen wollen, ihre intimen Welten auf ein besseres Fundament zu stellen. Wenn wir uns umschauen und miteinander sprechen, werden wir vielleicht feststellen, dass auch andere Veränderung wollen.

Romantische Liebesbeziehungen können dabei genauso Teil dieser Kreise sein wie Freundschaften. Schließlich ist die romantische Liebe etwas Wunderbares. Wir dürfen überdies nur nicht vergessen, auch die *Vielheit an intimen Beziehungen* zu feiern, die neben ihr existieren und mit denen wir unser Zusammenleben noch umfassender gestalten können. Statt das eine gegen das andere auszuspielen, können sich diese Beziehungen auch wunderbar ergänzen. Hören wir endlich damit auf, zu viel von romantischen Liebesbeziehungen zu verlangen und zu erwarten, und erweitern wir unsere intimen Bande zu einem »Kreis der Liebe«, wie bell hooks es nennt.[141]

Die Öffnung unserer Intimwelten für weitere nahe und bedeutsame Beziehungen bietet auch Chancen für die romantische Idee. Vielleicht kann sie sich innerhalb dieser Welten neu erfinden. Diese Vorstellung von Liebe wiegt heute schwer, will sie doch alles für den jeweiligen Menschen sein. Der Gedanke ist nach wie vor verführerisch, keine Frage. Aber scheuen wir nicht davor zurück, unsere Prioritäten neu zu stecken, denn schließlich haben wir *alle* eine wichtige Erfahrung bereits gemacht: Es sind Freundschaften, die Bestand haben, während romantische Liebesbeziehungen kommen und gehen. Holen wir auch unsere Freundschaften ins Zentrum unseres Lebens!

So eng die Skripte des romantischen Diktats auch gewebt sind, wir haben Handlungsspielräume und können uns anders verhalten. Wir können ganz behutsam mit den Regeln spielen oder sie auch an der ein oder anderen Stelle ganz ignorieren. Wir können kleine Schritte machen und innerhalb der Verhältnisse, in denen wir leben, gerade so viel experimentieren, wie wir es zum Wohlfühlen brauchen. Vielleicht verschieben wir sogar auf diese Weise allmählich die Grenzen des Möglichen. Das ist anstrengend, ich weiß, aber diese Anstrengungen werden uns in unserer Persönlichkeitsentwicklung voranbringen. Denn so ernüchternd die Einsicht ist, wir stecken heute bis zum Hals in den Ungewissheiten unserer Intimitätskrisen fest und müssen uns so oder so etwas einfallen lassen, damit gut umzugehen. Gehen wir es also bewusst an und bauen wir gemeinsam unsere intimen Welten auf ein breites und tragendes Fundament.

UND ZUM SCHLUSS

Auf dem Weg zu postromantischen Verhältnissen

Und jetzt? Gute Frage! Wir sind jetzt gemeinsam durch das Labyrinth der Möglichkeiten gewandert, haben uns durch das Dickicht der Vielheit intimer Beziehungen geschlagen und uns Liebe aus vielen Blickwinkeln angesehen. Die Frage bleibt, was wir mit all den Informationen für uns anfangen sollen.

Wir Soziolog*innen sind gut darin, immer wieder die störenden Fremden zu spielen, genau hinzusehen und die Wände unserer Welt nach Baumängeln abzuklopfen. Nicht so gut sind wir darin, das aus den Fugen Geratene wieder zu kitten, die Löcher, die wir aufreißen, zu verschließen. Oder sagen wir so: Wir tun uns damit schwer, konkrete Ratschläge zu erteilen, wie es im Miteinander besser gehen kann. Böse Zungen könnten sogar behaupten, in vielem sei ich vage geblieben. Wovon ich abgesehen habe, ist, einen konkreten Bauplan zu präsentieren, der jede*n von uns persönlich zum Erfolg führen wird, einen Plan, der sagt, wie unsere ideale intime Welt auszusehen hat: Unsere Häuser sollten besser grün als blau sein, fünf Zimmer pro Haus sind schlechter als acht und vier Stockwerke besser als zehn, in einem Haus leben idealerweise fünf Menschen und so weiter und so fort.

Vielmehr hat dieses Buch Ideen skizziert und Modelle vorgestellt, die – und dies liegt an der freien Wahl, die wir in gewisser Weise mal mehr, mal weniger haben – eher Optionen als Vorgaben eines *sehr* großen Möglichkeitsfeldes sind. Wir haben die sozialen Funktionen, Mechanismen und Techniken sowie ihre Wirkweisen kennengelernt und damit eine Grundvoraussetzung geschaffen, damit wir unsere intimen Welten entschlüsseln und schließlich selbst gestalten können. Denn ich glaube, erst auf diese Weise wird es möglich, dass wir auf unsere individuellen Lebensumstände und Persönlichkeiten abgestimmte bessere Welten erschaffen können.

Was ich vor allem entstehen lassen will, ist *Anregung*. Ich möchte Sie anregen, ins Gespräch zu kommen! Mit sich selbst, mit Ihren Nächsten, aber auch mit Fremden. Finden wir zusammen eine Sprache, die unsere intimen Welten als sozial hergestellt und somit veränderbar begreifen kann. Während ich dieses Buch schreibe, führe auch ich etliche Gespräche über intime Beziehungen sowie Möglichkeiten und Grenzen dieser Praxis in meinem Umfeld. Von einer Erfahrung möchte ich hier am Schluss berichten, weil sie genau das widerspiegelt, was dieses Buch bezwecken möchte.

Es ist Dezember 2022, die Temperaturen sind niedrig, die Heizkosten hoch und meine Manuskriptabgabe beim Verlag kommt in großen Schritten näher. Da fragt mich eine gute Freundin, nennen wir sie Jurena, ob sie nun endlich etwas zu lesen bekommt – schon lange erzähle ich immer wieder von meinem Projekt und nun möchte sie nicht mehr warten. Erst zögere ich, doch weil ich wirklich neugierig bin, wie sie es wohl finden wird, schicke ich ihr dann aber doch das erste Kapitel per E-Mail zu. Sie beginnt noch am selben Abend zu lesen. Ein paar Tage später erfahre ich, dass sie es in der Bahn auf dem Weg zu einem Date gelesen hat – und es war Jurenas erstes Date mit diesem Mann. Während des Dates passiert Folgendes: Mit den ersten Aussagen dieses Buches im Hinterkopf beginnen die beiden recht schnell, über sehr intime Dinge zu sprechen. Es geht um ihre jeweiligen Vorstellungen von Liebe und Nähe, um intime Beziehungen und romantische Annahmen sowie um Grenzen und Möglichkeiten all dessen. Die Thesen und Fragen des Kapitels, so erzählt mir Jurena später, hätten sie einfach angeregt, direkt ganz offen mit ihrem Date über sehr intime Dinge zu sprechen – ganz anders als sonst. Auf einmal geht es bei diesen zwei Menschen, die sich bislang kaum kennen, um alle möglichen für gewöhnlich eher unausgesprochenen Selbstverständlichkeiten: Sprechen wir eigentlich über das Gleiche, wenn wir von Nähe, Beziehungen und Liebe reden? Dieses offene Sprechen habe dazu geführt, resümiert Jurena, dass sie und ihr Date bereits zu Beginn eines möglichen Miteinanders ein paar wichtige Weichen stellen konnten.

Und während wir uns über ihr Date und den letzten Schliff an diesem Buch unterhalten, merke ich, dass unter all den Ideen, Konzepten und Wünschen, die zwischen diese zwei Buchdeckel geflossen sind, das, was mir Jurena erzählt, vielleicht das Allerwichtigste ist. Denn genau das möchte dieses Buch erreichen: Es will anregen, über Selbstverständlichkeiten, Vorannahmen und Gewohnheiten unserer intimen Praxis – Arten und Weisen von Nähe, Beziehungen, Liebe – nachzudenken und miteinander ins Gespräch zu kommen! Holen wir unsere Intimitäten heraus aus der Schmuddelecke, in die sie permanent gesteckt werden. Wirken wir der Privatisierung unserer intimen Welten entgegen und finden wir eine gemeinsame Sprache, mit der wir unsere intimen Praktiken zu öffentlichen Geschehnissen machen. Warum? Weil sie mehr sind als private Angelegenheiten, weil sie Grundlage sind für unsere gesellschaftlichen Verhältnisse, weil sie Ungleichheits- und Abwertungsmechanismen (re-)produzieren, weil sie sozial und historisch bedingt sind. Erst eine Perspektive, die unsere intimen Verhältnisse als gesellschaftlich und sozial hergestellt begreift, versetzt uns in die Lage, unsere intimen Praktiken aktiv zu gestalten, um schließlich zu einer besseren Praxis zu kommen. Eine Praxis, die mehr sein darf als romantisch, ohne diese jedoch kategorisch auszuschließen. Eine Praxis, die vielfältig ist und uns zufrieden und glücklich macht.

Eines sollten wir uns immer wieder bewusst machen: Unser intimes Leben findet nicht allein in der Heimeligkeit unserer romantischen Liebesbeziehungen statt. Es vollzieht sich nicht nur zu zweit vor dem vermeintlich wärmenden Kamin der romantischen Liebe. Wir haben auch andere, sehr nahe Beziehungen, die wertvoll und bedeutsam sind. Da sind Menschen, die zwar nicht unsere romantischen Partner*innen sind, mit denen wir aber dennoch gemeinsam etwas auf- und ausbauen können, mit denen wir uns eine gemeinsame intime Welt erschaffen können. Bleiben wir stecken in einer Perspektive auf Intimität und intime Beziehungen, die davon ausgeht, das alles seien ausschließlich unsere privaten Angelegenheiten, deren Probleme wir nur in den stillen Kämmerlein unserer Schlafzimmer lösen können, übersehen wir die Möglichkeiten und Chancen, die hier für uns bereitstehen. Erst das gemeinsame Gespräch macht deutlich, was alles möglich ist: Dass wir mehr als einen Menschen lieben können, dass wir mit einer guten Freund*in Kinder großziehen können, dass wir mit Freund*innen und Bekannten Wohn- und Lebensgemeinschaften gründen können – und das auch im höheren Alter und nicht nur zur Studienzeit –, dass wir auch ohne romantische Partnerschaft glücklich sein können. Nutzen wir die Möglichkeiten und kommen wir zu einer anderen Praxis des Zusammenlebens, indem wir unsere intimen Welten auf ein breites Fundament stellen und wir auf eine *Vielheit an intimen Beziehungen* bauen – und das in einer Gesellschaft, die offen, solidarisch, demokratisch und pluralistisch ist.

Dabei werden wir nicht umhinkommen, auch über strukturelle Rahmenbedingungen zu sprechen, die nun mal unsere Handlungsmöglichkeiten beeinflussen, indem sie Handlungsoptionen eröffnen oder diese eben einschränken. Hier braucht es soziale Strukturen und Regeln, die auch »unkonventionellen« und neuen Beziehungsweisen ausreichend Raum bieten, sich zu entfalten und Verbindlichkeiten jenseits der romantischen Liebesbeziehung, Kleinfamilie und Ehe zu etablieren. Insbesondere bei Fragen gegenseitiger Sorge und Fürsorge braucht es mehr Handlungssicherheit im Miteinander. Wenn wir uns mit einer guten Freund*in die Sorgeverantwortung für ein Kind teilen und beide krank sind, muss es beispielsweise Möglichkeiten geben, von der Arbeit freigestellt zu werden, um beide versorgen zu können – ohne dass wir dafür verheiratet, verpartnert oder biologisch verwandt sein müssen, wie das derzeit in Kleinfamilien schon der Fall ist.

Diese Fragen sind auch vor dem Hintergrund des demografischen Wandels sehr bedeutsam: Wer ist da, wenn wir alle vereinzelt alt geworden sind und unsere Liebesbeziehungen und Kleinfamilien nicht mehr von Bestand sind, wenn wir geschieden, verwitwet oder getrennt sind und keine neuen Partnerschaften entstehen wollen, wenn unsere Kinder ihr eigenes Ding machen wollen und sich nicht auch noch um Mama und/oder Papa kümmern wollen. Was ist dann? Oder: Wer ist dann da? Mit wem gestalten wir unser Zusammenleben dann?

Wollen wir diesen gesellschaftlichen Entwicklungen – zunehmende Vereinzelung, demografischer Wandel, Krise konventioneller Intimverhältnisse – sowohl persönlich als auch gesellschaftlich begegnen, brauchen wir neue Ideen und vielfältige Arten und Weisen des Zusammenlebens, die sowohl uns als auch anderen ein Zuhause bieten können. Wir brauchen intime Welten, in denen wir uns gegenseitig auffangen, wenn wir fallen. Welten, die von mehr Händen zusammengehalten werden als nur von denen *des* oder *der einen* romantischen Bindung, die uns zugestanden wird. Das schöne Bild, dass es diesen einen Menschen gibt, der uns unser Leben lang auf

Händen tragen wird, ist trügerisch – auch wenn wir immer wieder von diesen Geschichten hören und wirklich sehr viele von uns sich exakt das wünschen. Aber: Wenn wir genau hinschauen, sehen wir eher Scheitern und große Zerwürfnisse.

Doch gerade das können wir ändern – genau hinzusehen ist dabei nur der erste Schritt in einem größeren Prozess, den wir selbst gestalten können! Bauen wir also unsere intimen Welten so, dass sie auf einem breiten Fundament stehen. Bauen wir Welten, die sich verändern dürfen, so wie wir es auch selbst tun. Unser Leben und unsere Beziehungen sind im Fluss, in Bewegung. Das kann verunsichern und bedeutet viel Arbeit, die nicht zu ihrem Ende kommen will. Vermutlich werden auch hier einige einwenden, dass wir ja schon genügend zu tun haben und uns vor Arbeit kaum retten können. Wir schleppen uns von Lohnarbeit zur Hausarbeit und wieder zurück. Und nun sollen wir neben der Beziehungsarbeit mit unseren Partner*innen, sofern es die überhaupt gibt, auch noch aktiv an unseren anderen nahen

Beziehungen arbeiten? Mit Freund*innen über unsere gemeinsame Zukunft reden? Mit vier Menschen unseren Alltag planen? Mit wiederum anderen ein Haus bauen oder Ähnliches. Wie soll das gehen?

Es mag an dieser Stelle unbefriedigend sein, dass wir als Gesellschaft darauf noch nicht allumfassende Antworten gefunden haben. Aber um dorthin zu gelangen, um eine gemeinsame Sprache zu finden, die uns aushandeln lässt, wohin wir uns in Zukunft mit wem bewegen wollen, habe ich zumindest eine erste Idee: Wir müssen endlich anfangen, über diese Dinge miteinander ins Gespräch zu kommen. Wie es uns Martha Nussbaum bereits deutlich gemacht hat, basieren unsere Gefühlswelten auf unseren Überzeugungen, die über Sprache vermittelt werden. Daher ist es so bedeutsam, eine neue Sprache zu finden, die uns empfindsam macht für all die anderen nahen Beziehungen und Formen von Liebe, die es neben der romantischen Liebe auch gibt. Das wird Zeit brauchen. Wir brauchen also auch einen langen Atem.

Lasst uns die Debatten endlich beginnen, in großen und kleinen Kreisen. Denn nur *gemeinsam* – sowohl in unseren intimen Welten als auch gesellschaftlich – werden wir Antworten finden, die uns vielleicht zu Verhältnissen bringen, die ich postromantisch nenne: unsere Verhältnisse basieren dann auf verschiedenen Arten und Weisen naher Beziehungen und besitzen dennoch dieselbe Strahlkraft wie unsere heutigen romantischen Sehnsuchtsorte. In postromantischen Verhältnissen, so meine Vision, leben wir in einem *Kreis der Liebe,* der sowohl Platz hat für die romantische Liebe als auch für andere Formen der Nähe, Liebe und des Miteinanders. Und so möchte ich es am Schluss mit den Worten bell hooks' zusammenfassen, die uns ans Herz legt, »dass es schöner ist, in einem Kreis der Liebe zu tanzen als allein«.[242]

Dank

Am Ende dieses Buches kann für mich nichts anderes stehen als eine Liebeserklärung an meine Freundschaften. Meine selbst gewählte Familie. Es sind meine Freund*innen, die mich tragen und halten, mir Trost spenden, mich aufmuntern, mir Essen bringen, wenn es mir schlecht geht, mit denen ich lache und weine, mit denen ich mich austausche, rede, philosophiere, Quatsch mache und streite, denen ich nah sein darf, physisch und psychisch. Danke, dass ihr da seid, mich inspiriert und antreibt – oder mich auch mal bremst. Danke für all eure Unterstützung, Liebe und Zuversicht.

Meinen Eltern möchte ich ebenfalls herzlichst danken, weil sie mir immer zur Seite stehen und mich unterstützen, wo es nur geht. Ohne sie wäre ich nicht hier, wäre ich nicht der Mensch, der ich heute bin. Danke für eure bedingungslose Liebe.

Danken möchte ich all den Menschen, die mir ihre Geschichten erzählt haben, die Grundlage für dieses Buch sind. Ohne die offenen und ehrlichen Einblicke in ihre sehr intimen Lebenswelten würde es dieses Buch nicht geben, mehr noch, es würde meine Forschung nicht geben. Danke für euer Vertrauen.

Danke auch an das gesamte Team des Kösel-Verlags und für die vielen, vielen helfenden Hände und Köpfe, die dieses Buch haben entstehen lassen. Auch meinem Lektor Max Bachmann möchte ich danken, denn ohne ihn wäre dieses Buch vermutlich nicht entstanden. Danke für die wunderbare Zusammenarbeit, die vielen Gespräche und Feedbackschleifen – sie haben meine Arbeit vorangetrieben und meine Gedanken geschärft. Und danke für das Bier am Münchner Bahnhof, das mich nach meinem Zugdesaster wirklich gerettet hat.

Und am Schluss möchte ich Fritz im Besonderen danken, der mir immer mit Rat und Tat zur Seite steht, der mich erdet, antreibt, auffängt, hält und bremst, wenn ich mal wieder über das Ziel hinauszuschießen drohe. Unsere Gespräche und Auseinandersetzungen haben mich so vieles gelehrt in Sachen Nähe, Beziehungen und Liebe. Danke für deine Liebe und unsere transformierte Verbindlichkeit.

Quellen und Anmerkungen

Alle Onlinequellen zuletzt aufgerufen am 03.04.2023.

1 Berlant, Lauren & Warner, Michael (2005): Sex in der Öffentlichkeit. In: Haase, Matthias; Siegel, Marc; Wünsch, Michaela (Hrsg.): Outside. Die Politik queerer Räume. Berlin: b_books, S. 77–103, hier S. 103.

2 Srinivasan, Amia (2022): Das Recht auf Sex. Feminismus im 21. Jahrhundert. Stuttgart: Klett-Cotta, S. 158.

3 Vgl. Matthiesen, Silja & Maika Böhm (2013): Wie organisieren Studierende Beziehungen und Sexualität. In: pro familia Magazin, Nr. 3, S. 4–8.

4 Auch wenn aktuelle Studien wie die von ElitePartner aus dem Jahr 2018 zeigen, dass nur 5 Prozent der Befragten Polyamorie und 6 Prozent eine offene Beziehung praktizieren, zeigt diese Untersuchung auch, dass sich Beziehungsformen ändern und offener werden: So ist beispielsweise Sex unter Freund*innen gerade bei Jüngeren heute keine Seltenheit. Vgl. Barsch, Beatrice (2018): Beziehungstrends: »Ghosting« ist Frauensache, »offene Beziehung« ein Mythos. URL: www.elitepartner.de/magazin/daten/beziehungstrends-ghosting-benching-offene-beziehung-freundschaft-plus/.
Eine andere Studie von Parship zeigt außerdem, dass Untreue in festen Partnerschaften weit verbreitet ist. Vgl. Hemmelmair, Katharina (2022): Untreue: Darum geht jeder Vierte fremd. URL: www.parship.at/presse/pressemeldungen/2022/untreue-darum-geht-jeder-vierte-fremd/

Auch die Debatten um offene Beziehungen werden heute breiter geführt, so dass anzunehmen ist, dass diese Beziehungsform in Zukunft eine normativ gangbare Variante der festen, romantisch-monogamen Liebesbeziehung werden kann.

5 Und als würde es nichts anderes geben, waren es in meiner Kindheit ausschließlich Geschichten über das heterosexuelle (monogame) Liebespaar, und auch heute noch dominieren diese Geschichten unsere kulturellen Erzählungen über die Liebe. Siehe beispielsweise Coffey, Judith (2013): ›The Power of Love‹ Heteronormativität und Bürgerlichkeit in der modernen Liebesgeschichte. Bielefeld: transcript.

6 Vgl. Eribon, Didier (2018): Grundlagen eines kritischen Denkens. Wien: Turia + Kant.

7 Vgl. Ellis, Carolyn (2004): The Ethnografic I. A Methodological Novel about Autoethnography. Oxford: AltaMira Press.

8 Vgl. Newerla, Andrea (2022): Intime Beziehungen und physische Nähe im Covid-19-Krisenkontext: Über Coronogamie, Dating und pragmatische Lösungen. In: Kornelia Hahn & Andreas Langenohl (Hrsg.): ›Öffentliches Leben‹: Gesellschaftsdiagnose Covid-19. Wiesbaden: Springer Fachmedien, S. 99–129.

9 Bayerischer Rundfunk (2020): Söder: Strengere Corona-Regeln für Silvester wahrscheinlich. URL: www.br.de/nachrichten/bayern/markus-soeder-strengere-corona-regeln-fuer-silvester-moeglich,SI6EMDJ

10 Bauman, Zygmunt (2000): Vom Nutzen der Soziologie. Frankfurt am Main: Suhrkamp, S. 27.

11 Nicht so sehr blicke ich auf die Beziehungen zwischen Eltern und Kindern, die selbstverständlich auch in sehr intime Beziehungen miteinander eingebunden sind oder sein können, uns in diesem Buch aber nicht weiter beschäftigen sollen.

12 Kluge, Friedrich (2002): Etymologisches Wörterbuch der deutschen Sprache. Berlin/New York: de Gruyter, S. 445.

13 Bearman, Steve (2015): Why Men Are So Obsessed with Sex. Have you ever encountered a baby whose gender is unknown to you? URL: www.filmsforaction.org/articles/why-men-are-so-obsessed-with-sex/

14 Kurt, Şeyda (2021): Radikale Zärtlichkeit. Warum Liebe politisch ist. Hamburg: HarperCollins.

15 hooks, bell (2022): Männer, Männlichkeit und Liebe. Der Wille zur Veränderung. München: Elisabeth Sandmann.

16 Vgl. Nast, Michael (2016): Generation Beziehungsunfähig. Hamburg: Edel Books.

17 Hauschild, Jana (2014): Wenn die beste Freundin Horst heißt. URL:

www.spiegel.de/gesundheit/psychologie/freundschaft-zwischen-mann-und-frau-warum-sie-nicht-gut-klappt-a-964559.html

18 Nussbaum, Martha C. (2002): Konstruktion der Liebe, des Begehrens und der Fürsorge. Stuttgart: Reclam, S. 175. Ebenfalls lesenswert in diesem Zusammenhang ist Rob Boddices Buch *Geschichte der Emotionen* (Theiss Verlag).

19 Vgl. Klöpper, Anna (2022): Streit um Oben-Ohne-Baden in Berlin: Gleiches Recht für alle Brüste. URL: https://taz.de/Streit-um-Oben-Ohne-Baden-in-Berlin/!5869372/

20 Nussbaum, Martha C. (2002): Konstruktion der Liebe, des Begehrens und der Fürsorge. Stuttgart: Reclam, S. 183.

21 Ebd.: S. 189.

22 Roseneil, Sasha et al. (2020): The Tenacity of the Couple-Norm: Intimate citizenship regimes in a changing Europe. London: UCL Press, S. 25.

23 Vgl. Ehrlich, Ulrike & Kelle, Nadiya (2019): Pflegende Angehörige in Deutschland: Wer pflegt, wo, für wen und wie? In: Zeitschrift für Sozialreform, Vol. 65, Nr. 2, S. 175–203.

24 Adamczak, Bini (2017): Beziehungsweise Revolution. 1917, 1968 und kommende. Frankfurt am Main: Suhrkamp. Mit dem Begriff der *Beziehungsweise* nimmt Adamczak unsere »Verhältnisse« in den Blick und es geht ihr dabei sowohl um Beziehungsweisen zwischen Menschen als auch um Beziehungsweisen zwischen Menschen und Strukturen/Systemen. Diese Form der Gesellschaftsanalyse, die sie hier vorschlägt, halte ich für sehr fruchtbar, weil sie eben nicht Individuen und Strukturen/Systeme fokussiert, sondern die Beziehungen, die zwischen ihnen liegen.

25 Vgl. Burkart, Günter (2009): Gründungsmythen und andere Mechanismen der Institutionalisierung von Einheit in Paarbeziehungen. In: Sozialer Sinn, Vol. 10, Nr. 2, S. 249–264.

26 Zessnik, Sophia (2022): Bennifer forever: Sehnsucht nach einem Happy End. URL: https://taz.de/Bennifer-forever/!5865521/

27 Kuchler, Barbara & Beher, Stefan (2014): Soziologie der Liebe. Romantische Beziehungen in theoretischer Perspektive. Frankfurt am Main: Suhrkamp, S. 9.

28 Beck, Ulrich & Beck-Gernsheim, Elisabeth (1990): Das ganz normale Chaos der Liebe. Frankfurt am Main: Suhrkamp, S. 222.

29 Vgl. Schenk, Herrad (1987): Freie Liebe – Wilde Ehe. Über die allmähliche Auflösung der Ehe durch die Liebe. Frankfurt am Main: Büchergilde Gutenberg.

30 Elliott, Mabel A. & Merrill, Francis E. (2014): Der romantische Fehlschluss. In: Kuchler, Barbara & Beher, Stefan (Hrsg.): Soziologie der Liebe. Romantische

Beziehungen in theoretischer Perspektive. Frankfurt am Main: Suhrkamp, S. 340.

31 Vgl. Elias, Norbert (2013): Über den Prozess der Zivilisation. Soziogenetische und psychogenetische Untersuchungen. Frankfurt am Main: Suhrkamp.

32 Burkart, Günter (2018): Soziologie der Paarbeziehung. Eine Einführung. Wiesbaden: Springer Fachmedien, S. 64.

33 Vgl. Schenk, Herrad (1987): Freie Liebe – Wilde Ehe. Über die allmähliche Auflösung der Ehe durch die Liebe. Frankfurt am Main: Büchergilde Gutenberg, S. 150 f.

34 Burkart, Günter (2018): Soziologie der Paarbeziehung. Eine Einführung. Wiesbaden: Springer Fachmedien, S. 66.

35 Vgl. Ebd.: S. 66–68.

36 Illouz zeichnet in diesem Buch nach, wie sich im Verlauf des 20. Jahrhunderts Konsumkapitalismus zunehmend mit Praktiken und Mustern der romantischen Liebe (und umgekehrt) verknüpft und sich Wechselwirkungen zwischen romantischen Gefühlen, Kultur, Ökonomie und gesellschaftlichen Organisationsstrukturen etabliert haben. Illouz, Eva (2007): Der Konsum der Romantik. Frankfurt am Main: Suhrkamp.

37 Beck, Ulrich & Beck-Gernsheim, Elisabeth (1990): Das ganz normale Chaos der Liebe. Frankfurt am Main: Suhrkamp, S. 248.

38 Swidler, Ann (2014): Liebe und Erwachsensein in der amerikanischen Kultur. In: Kuchler, Barbara & Beher, Stefan (Hrsg.): Soziologie der Liebe. Romantische Beziehungen in theoretischer Perspektive. Frankfurt am Main: Suhrkamp, S. 370.

39 Vgl. Pille, Laura & Schmees, Johannes K. (2022): Männer an die Arbeit und Frauen an den Herd!? In: SPRIB Sprache im Beruf, Bd. 5, Nr. 1, S. 44–64.

40 Vgl. Kuchler, Barbara & Beher, Stefan (2014): Soziologie der Liebe. Romantische Beziehungen in theoretischer Perspektive. Frankfurt am Main: Suhrkamp, S. 9.

41 Vgl. Swidler, Ann (2014): Liebe und Erwachsensein in der amerikanischen Kultur. In: Kuchler, Barbara & Beher, Stefan (Hrsg.): Soziologie der Liebe. Romantische Beziehungen in theoretischer Perspektive. Frankfurt am Main: Suhrkamp, S. 397.

42 Siehe beispielsweise Stahl, Stefanie (2022): Wer wir sind. Wie wir wahrnehmen, fühlen und lieben – Alles, was Sie über Psychologie wissen sollten. München: Kailash.

43 Sturzenegger, Susanne (2017): »Trennt euch!« – Schluss machen mit Thomas Meyer. URL: www.srf.ch/kultur/literatur/schluss-machen-mit-thomas-meyer

44 Beispielhaft sind hier zwei Werke zu nennen: *Schluss jetzt* von Heike Blümner und Laura Ewert (Hanser) sowie *Glücklich getrennt* von Nadja von Saldern (Ullstein).

45 Vgl. Bundeszentrale für politische Bildung (2018): Scheidungen. URL: www.bpb.de/kurz-knapp/zahlen-und-fakten/europa/70518/scheidungen/

46 Vgl. Statistisches Bundesamt (2022): Anzahl der Eheschließungen in Deutschland von 1950 bis 2021. URL: https://de.statista.com/statistik/daten/studie/1323/umfrage/eheschliessungen-in-deutschland/

47 Schmidt, Gunter; Matthiesen, Silja; Dekker, Arne; Starke, Kurt (2006): Spätmoderne Beziehungswelten. Report über Partnerschaft und Sexualität in drei Generationen. Wiesbaden: VS Verlag für Sozialwissenschaften, S. 107 f.

48 Eine gute Übersicht zur Polyamorie findet sich bei Klesse, Christian (2007): Polyamory – von dem Versprechen, viele zu lieben. In: Zeitschrift für Sexualforschung, Vol. 20, Nr. 4, S. 316–330.

49 Mai, Meike (2022): Ist eine offene Beziehung die Rettung der Liebe? Eine Frau erzählt. URL: www.elle.de/lifestyle-psycho-offene-beziehung-erfahrungsbericht

50 Karig, Friedemann (2021): Wie wir lieben. Vom Ende der Monogamie. Berlin: Aufbau Taschenbuch, S. 299.

51 Pieper, Marianne & Bauer, Robin (2014): Polyamorie: Mono-Normativität – Dissidente Mikropolitik – Begehren als transformative Kraft? In: Journal für Psychologie, Vol. 22, Nr. 1, S. 1–35, hier S. 3.

52 New York Times (2022): Modern Love Podcast. Beyond Girlfriend-Boyfriend. URL: www.nytimes.com/2022/03/09/podcasts/modern-love-polyamory-girlfriend-boyfriend.html

53 Vgl. Schmidt, Gunter; Matthiesen, Silja; Dekker, Arne; Starke, Kurt (2006): Spätmoderne Beziehungswelten. Report über Partnerschaft und Sexualität in drei Generationen. Wiesbaden: VS Verlag für Sozialwissenschaften, S. 71.

54 Lötsch, Lenore (2021): »Allein«: Daniel Schreibers Streitschrift über Einsamkeit. URL: www.ndr.de/kultur/buch/Allein-Daniel-Schreiber-ueber-Beziehungen-und-Einsamkeit,allein138.html

55 Vgl. Ad Alliance (2021): Die Corona-Pandemie und ihr Einfluss auf den Alltag – 7. Welle. Entwicklung in der deutschen Bevölkerung im zweiten Lockdown zur Eindämmung des Corona-Virus in Deutschland. URL: www.ad-alliance.de/download/3216431

56 Vgl. Parship (2020): Bedeutungsvollere Gespräche und weniger Offline-Treffen – so hat Corona das Dating verändert. URL: www.parship.de/presse/pressemeldungen/2020/parship-wissen-bedeutungsvollere-gespraeche-und-weniger-offline-treffen-so-hat-corona-das-dating-veraendert/

57 Newerla, Andrea (2022): Intime Beziehungen und physische Nähe im Covid-19-Krisenkontext: Über Coronogamie, Dating und pragmatische Lösungen. In: Hahn, Kornelia & Langenohl, Andreas (Hrsg.): ›Öffentliches Leben‹: Gesellschaftsdiagnose Covid-19. Wiesbaden: Springer VS, S. 119 ff.

58 Meichsner, Irene (2004): 13.2.1804 – Vor 200 Jahren. URL: www.deutschlandfunk.de/13-2-1804-vor-200-jahren-100.html

59 Bömelburg, Helen (2015): Online-Dating mit Tinder & Co. So verändern Smartphone-Apps unser Liebesleben. URL: www.stern.de/familie/beziehung/so-veraendern-smartphone-apps-unser-liebesleben-3475388.htm

60 Zu nennen sind hier insbesondere zwei Werke: *Warum Liebe weh tut. Eine soziologische Erklärung* (2015) und *Warum Liebe endet. Eine Soziologie negativer Beziehungen* (2018), die beide bei Suhrkamp erschienen sind.

61 Vgl. Bulman, May (2016): Tinder makes users less likely to commit to relationships, experts warn. URL: www.independent.co.uk/tech/tinder-makes-users-less-likely-to-commit-to-relationships-experts-warn-a6807731.html

62 Vgl. Slater, Dan (2013): Love in the Time of Algorithms. New York: Current.

63 Vgl. Kartenmacherei (2021): So heiratet Deutschland 2021. URL: www.kartenmacherei.de/hochzeitsstudie/assets/pdf/Whitepaper_Hochzeitsstudie_2021_kartenmacherei.pdf
Eine interessante Randbemerkung ist im Zusammenhang mit Heteronormativität, dass belastbare Daten über das Onlinedating-Verhalten von LGBTQIA+ Personen nicht existieren. Insofern beziehen sich alle hier präsentierten Daten auf heterosexuelle Personen.

64 Vgl. Bitkom (2020): Jeder Dritte sucht online nach der großen Liebe. URL: www.bitkom.org/Presse/Presseinformation/Jeder-Dritte-sucht-online-nach-der-grossen-Liebe

65 Vgl. Bitkom (2022): Zahlungsbereitschaft für Online-Dating steigt in der Pandemie. URL: www.bitkom.org/Presse/Presseinformation/Online-Dating-Zahlungsbereitschaft-steigt-in-Pandemie

66 Vgl. Statista (2023): Number of dating services users worldwide from 2017 to 2027, by segment (in millions). URL: www.statista.com/forecasts/891146/eservices-dating-services-online-user-by-segment-worldwide

67 Bitkom (2022): Zahlungsbereitschaft für Online-Dating steigt in der Pandemie. URL: www.bitkom.org/Presse/Presseinformation/Online-Dating-Zahlungsbereitschaft-steigt-in-Pandemie

68 Vgl. Parship (2020): Bedeutungsvollere Gespräche und weniger Offline-Treffen – so hat Corona das Dating verändert. URL: www.parship.de/presse/pressemeldungen/2020/parship-wissen-bedeutungsvollere-gespraeche-und-weniger-offline-treffen-so-hat-corona-das-dating-veraendert/

69 Bitkom (2021): Online-Dating hilft Singles durch die Corona-Pandemie. URL: www.bitkom.org/Presse/Presseinformation/Online-Dating-hilft-Singles-durch-die-Corona-Pandemie

70 Tyler Carrington (2019): Love at Last Sight: Dating, Intimacy, and Risk in Turn-of-the-Century Berlin. New York: Oxford University Press, S. 119 (eigene Übersetzung).

71 Heller, Lydia & Wiese, Tim (2015): Wir Gefühlsunternehmer. Was Online-Dating mit unseren Beziehungen macht. URL: www.deutschlandfunkkultur.de/wir-gefuehlsunternehmer-was-online-dating-mit-unseren-100.html

72 ZDFinfo Doku (2022): Liebe auf den ersten Klick. Milliardenmarkt Online-Dating. URL: www.zdf.de/dokumentation/zdfinfo-doku/liebe-auf-den-ersten-klick-milliardenmarkt-online-dating-100.html

73 Bauman, Zygmunt (2005): Liquid Love. Malden: Polity Press, S. xii

74 Illouz, Eva & Kaplan, Dana (2021): Was ist sexuelles Kapital? Berlin: Suhrkamp, S. 11 f.

75 Illouz, Eva (2018): Warum Liebe endet. Eine Soziologie negativer Beziehungen. Berlin: Suhrkamp, S. 113.

76 Vgl. Solovyeva, Olga & Laskin, Alexander V. (2022): Gamification, Tinder Effect, and Tinder Fatigue: Dating as a CMC Experience. Lipschultz, J.H.; Freberg, K.; Luttrell, R. (Ed.): The Emerald Handbook of Computer-Mediated Communication and Social Media. Bingley: Emerald Publishing Limited, S. 197–211.

77 Vgl. Illouz, Eva (2018): Warum Liebe endet. Eine Soziologie negativer Beziehungen. Berlin: Suhrkamp, S. 151.

78 Vgl. Ebd.: S. 113.

79 Vgl. Schrobsdorff, Susanna (2022): Why There's No Such Thing as Casual Sex. URL: https://time.com/6160096/rethinking-sex-christine-emba-review/

80 Bearman, Steve (2015): Why Men Are So Obsessed with Sex. Have you ever encountered a baby whose gender is unknown to you? URL: www.filmsforaction.org/articles/why-men-are-so-obsessed-with-sex/

81 Sigusch, Volkmar (2013): Das Sex ABC. Frankfurt am Main: Campus, S. 559 f.

82 Paris City Vision: 5 Ideen zum Nachspielen der kultigsten Szenen in Paris gedrehter Liebesfilme. URL: www.pariscityvision.com/de/gastronomie/romantik-dinner/5-szenen-aus-liebesfilmen-nachspielen

83 Deutschlandfunk Nova – Sendung vom 24. November 2021: Niemand ist auf Tinder, um austauschbaren Sex zu haben. URL: www.deutschlandfunknova.de/beitrag/sozialpsychologin-johanna-degen-niemand-ist-auf-tinder-um-austauschbaren-sex-zu-haben

84 Ebd.

85 Vgl. Rosa, Hartmut (2005): Beschleunigung. Die Veränderung der Zeitstrukturen in der Moderne. Frankfurt am Main: Suhrkamp.

86 Vgl. Bartsch, Beatrice (2018): Beziehungstrends: »Ghosting« ist Frauensache, »offene Beziehung« ein Mythos. URL: www.elitepartner.de/magazin/daten/beziehungstrends-ghosting-benching-offene-beziehung-freundschaft-plus/

87 Vgl. LeFebvre, Leah E.; Rasner, Ryan D.; Allen, Mike (2020): »I Guess I'll Never Know …«: Non-Initiators Account-Making After Being Ghosted. In: Journal of Loss and Trauma, Vol. 25, Nr. 5, S. 395–415, DOI: 10.1080/15325024.2019.1694299.

88 Vgl. LeFebvre, Leah E. & Fan, Xiaoti (2020): Ghosted? Navigating strategies for reducing uncertainty and implications surrounding ambiguous loss. In: Personal Relationships. Vol. 27, Nr. 2, S. 433–459. DOI: https://doi.org/10.1111/pere.12322

89 Deutschlandfunk Kultur – Sendung vom 14. Mai 2021: Dating. Warum brauchen wir immer Selbstbestätigung? URL: www.deutschlandfunkkultur.de/dating-warum-brauchen-wir-immer-selbstbestaetigung-100.html

90 Vgl. Tyson, Gareth et al (2016): A first look at user activity on tinder. Conference Paper. DOI: 10.1109/ASONAM.2016.7752275.

91 Durchaus möglich, dass dies an traditionellen Rollenvorstellungen liegt, dass der Mann den ersten Schritt zu machen hat. Es könnte aber auch daran liegen, dass Frauen viel mehr Nachrichten erhalten und die Notwendigkeit, selbst aktiv zu werden, geringer ist. Zudem sind mehr Männer bei Dating Diensten angemeldet als Frauen. Vgl. OkCupid Dating Blog (2015): A Woman's Advantage. The secret to success for women on OkCupid? Sending the first message. URL: https://theblog.okcupid.com/a-womans-advantage-82d5074dde2d

92 Anfang der 1970er Jahre lernen sich etwa ein Viertel der Paare in diesen Bars kennen. Vgl. Weigel, Moira (2018): Dating. Eine Kulturgeschichte. München: btb, S. 84 f.

93 Ze.tt (2017): Freundschaft: Wie ich über Tinder meine beste Freundin kennenlernte. URL: https://ze.tt/wie-ich-ueber-tinder-meine-beste-freundin-kennenlernte/

94 Böhle, Fritz (2013): Handlungsfähigkeit mit Ungewissheit – Neue Herausforderungen und Ansätze für den Umgang mit Ungewissheit. Eine Betrachtung aus sozioökonomischer Sicht. In: Jeschke, Sabina; Jakobs, Eva-Maria; Dröge, Alicia (Hrsg.): Exploring Uncertainty. Ungewissheit und Unsicherheit im interdisziplinären Diskurs. Wiesbaden: Springer Fachmedien, S. 281.

95 Vgl. Ebd.: S. 284.

96 Illouz, Eva (2018): Warum Liebe weh tut. Eine soziologische Erklärung. Frankfurt am Main: Suhrkamp, S. 137.

97 Böhle, Fritz (2013): Handlungsfähigkeit mit Ungewissheit – Neue Herausforderungen und Ansätze für den Umgang mit Ungewissheit. Eine Betrachtung aus sozioökonomischer Sicht. In: Jeschke, Sabina; Jakobs, Eva-Maria; Dröge, Alicia (Hrsg.): Exploring Uncertainty. Ungewissheit und Unsicherheit im interdisziplinären Diskurs. Wiesbaden: Springer Fachmedien, S. 290.

98 Ebd.: S. 283.

99 Glamour.de (2021): Freundschaft Plus: Definition und Tipps. Sex mit Freunden: Was Freundschaft Plus bedeutet und wie es klappt. URL: www.glamour.de/liebe/artikel/freundschaft-plus-sex-beziehung

100 Vgl. AOK – Gesundheitsmagazin (2022): Liebe & Sexualität. Kann Freundschaft Plus wirklich gut gehen? URL: www.aok.de/pk/magazin/familie/liebe-sexualitaet/kann-freundschaft-plus-wirklich-gut-gehen/

101 Vgl. Binternagel, Manuel (2021): Phänomen Freundschaft Plus: Sex unter Freunden keine Seltenheit. URL: www.joyclub.news/phaenomen-freundschaft-plus-sex-unter-freunden-keine-seltenheit/

102 Vgl. Barsch, Beatrice (2018). Beziehungstrends: »Ghosting« ist Frauensache, »offene Beziehung« ein Mythos. URL: www.elitepartner.de/magazin/daten/beziehungstrends-ghosting-benching-offene-beziehung-freundschaft-plus/

103 Bisson und Levine weisen darauf hin, dass diese Beziehungsform erst seit ein paar Jahren explizit wissenschaftlich untersucht wird und es nicht unwahrscheinlich sei, dass das Phänomen bereits lange existiere. Bisson, Melissa A. & Levine, Timothy R. (2009): Negotiating a friends with benefits relationship. In: Arch Sex Behav, Vol. 38, Nr. 1, S. 66–73. DIO: 10.1007/s10508–007–9211–2.

104 Vgl. García, Herenia & Soriano, Encarnación (2017): The Romantic Ideal of Men and Women Involved in the Relationship of Friends with Benefits. In: Procedia – Social and Behavioral Sciences, Vol. 237, S. 203–208, https://doi.org/10.1016/j.sbspro.2017.02.064.

105 AOK – Gesundheitsmagazin (2022): Liebe & Sexualität. Kann Freundschaft Plus wirklich gut gehen? URL: www.aok.de/pk/magazin/familie/liebe-sexualitaet/kann-freundschaft-plus-wirklich-gut-gehen/

106 Vgl. Adamczak, Bini (2008): Freundinnen werden: Zur Konstruktion neuer Beziehungen diesseits von Abstammung und Markt. In: Polar – Politik, Theorie, Alltag. Nr. 5: *Politik der Freundschaft*.

107 AOK – Gesundheitsmagazin (2022): Liebe & Sexualität. Kann Freundschaft Plus wirklich gut gehen? URL: www.aok.de/pk/magazin/familie/liebe-sexualitaet/kann-freundschaft-plus-wirklich-gut-gehen/

108 Vgl. Newerla, Andrea (2021): *Love Struggles*: Intime Beziehungen in Zeiten mo-

bilen Datings. In: Wutzler, Michael & Klesse, Jacqueline (Hrsg.): Paarbeziehungen heute: Kontinuität und Wandel. Weinheim/Basel: Beltz Juventa, S. 46–72.

109 Vgl. Statistisches Bundesamt (2022): Bevölkerung: Eheschließungen, Ehescheidungen und Lebenspartnerschaften. URL: www.destatis.de/DE/Themen/Gesellschaft-Umwelt/Bevoelkerung/Eheschliessungen-Ehescheidungen-Lebenspartnerschaften/_inhalt.html;jsessionid=%203105E20C%201729530E24E1C4B1B7790412.live721

110 Vgl. Roseneil et al. (2020): The Tenacity of the Couple-Norm: Intimate citizenship regimes in a changing Europe. London: UCL Press, S. 4.

111 Vgl. Klein, Jessica (2022): ›Single shaming‹: Why people jump to judge the unpartnered. URL: www.bbc.com/worklife/article/20220405-single-shaming-why-people-jump-to-judge-the-un-partnered

112 Vgl. Hark, Sabine (2021): Die Gemeinschaft der Ungewählten. Umrisse eines politischen Ethos der Kohabitation. Frankfurt am Main: Suhrkamp, S. 171.

113 Vgl. Roseneil, Sasha (2000): Queer Frameworks and Queer Tendencies: Towards an Understanding of Postmodern Transformations of Sexuality. In: Sociological Research Online, Vol. 5, Nr. 3, DOI: https://journals.sagepub.com/doi/10.5153/sro.528

114 Newerla, Andrea (2021): *Love Struggles*: Intime Beziehungen in Zeiten mobilen Datings. In: Wutzler, Michael & Klesse, Jacqueline (Hrsg.): Paarbeziehungen heute: Kontinuität und Wandel. Weinheim/Basel: Beltz Juventa, S. 46–72.

115 Haraway, Donna (2018): Unruhig bleiben. Die Verwandtschaft der Arten im Chthuluzän. Frankfurt am Main: Campus.

116 Vgl. Hark, Sabine (2021): Die Gemeinschaft der Ungewählten. Umrisse eines politischen Ethos der Kohabitation. Frankfurt am Main: Suhrkamp, S. 215.

117 Vgl. Ebd.

118 Vgl. Apraku, Josephine (2022): Kluft und Liebe. Warum soziale Ungleichheit uns in Liebesbeziehungen trennt und wie wir zueinanderfinden. Hamburg: Eden Books.

119 Vgl. Hark, Sabine (2021): Die Gemeinschaft der Ungewählten. Umrisse eines politischen Ethos der Kohabitation. Frankfurt am Main: Suhrkamp, S. 222.

120 Vgl. Roseneil, Sasha (2004): Why we should Care about Friends: An Argument for Queering the Care Imaginary in Social Policy. In: Social Policy & Society, Vol. 3, Nr. 4, S. 409–419.

121 Beispielhaft sind hier Sasha Roseneil (Ethics of Care) und Sabine Hark (Ethos der Kohabitation) zu nennen.

122 Hark, Sabine (2021): Die Gemeinschaft der Ungewählten. Umrisse eines politischen Ethos der Kohabitation. Frankfurt am Main: Suhrkamp, S. 179.

123 Vgl. Berlant, Lauren (1998): Intimacy: A Special Issue. In: Critical Inquiry, Vol. 24, Nr. 2, S. 281–288.

124 Vgl. hierzu speziell im Bezug auf Sexuelle Praxis auch Srinivasan, Amia (2022): Recht auf Sex. Feminismus im 21. Jahrhundert. Stuttgart: Klett-Cotta.

125 IfD Allensbach (2022): Allensbacher Markt- und Werbeträger-Analyse – AWA 2022. URL: https://de.statista.com/statistik/daten/studie/170820/umfrage/als-besonders-wichtig-erachtete-aspekte-im-leben/

126 Vgl. Ebd. und Mydays (2019): Repräsentative Studie zum Internationalen Tag der Freundschaft. URL: https://unternehmen.mydays.de/publikumspresse/repraesentative-studie-zum-internationalen-tag-der-freundschaft/

127 Vgl. Schobin, Janosch; Leuschner, Vincenz; Flick, Sabine; Alleweldt, Erika; Heuser, Eric Anton; Brandt, Agnes (2016): Freundschaft heute. Eine Einführung in die Freundschaftssoziologie. Bielefeld: transcript, S. 186 f.

128 Schobin, Janosch; Leuschner, Vincenz; Flick, Sabine; Alleweldt, Erika; Heuser, Eric Anton; Brandt, Agnes (2016): Freundschaft heute. Eine Einführung in die Freundschaftssoziologie. Bielefeld: transcript, S. 15.

129 Vgl. Byron, Paul (2021): Digital Media, Friendship and Cultures of Care. Oxon/New York: Routledge, S. 176. Byron argumentiert, dass Freundschaften auch deshalb unzureichend untersucht (und in der Folge auch weniger definiert und eingegrenzt) wurden, weil auch in der Wissenschaft die Annahme verbreitet war, dass Freundschaften im Gegensatz zur Ehe und Familie sozial und wirtschaftlich weniger bedeutsam sind.

130 Vgl. Smart, Carol; Davies, Katherine; Heaphy, Brian; Mason, Jennifer (2012): Difficult friendships and ontological insecurity. In: The Sociological Review, Vol. 60, Nr. 1, S. 91–109.

131 hooks, bell (2022): lieben lernen. Alles über Verbundenheit. Hamburg: HarperCollins. Einen guten Übersichtsartikel zu dem Thema romantische Freundschaften liefert Bolen, Derek M. & Cuellar, John Marc (2016): Romantic Friendships. In: The SAGE Encyclopedia of LGBTQ Studies. DOI: https://doi.org/10.4135/9781483371283.N341

132 Kruppa, Doreen (2020): Freundschaftszentrierte Lebensweisen. Wie Alltagspionier*innen neue Wege der Vergesellschaftung beschreiten. In: Raab, Michel & Schadler, Cornelia (Hrsg.): Polyfantastisch? Nichtmonogamie als emanzipatorische Praxis. Münster: Unrast, S. 85–100.

133 Ebd.: S. 85–100.

134 Vgl. Arte (2019): Eine Ehe zum kleinen Preis: Der PACS feiert Geburtstag und große Erfolge. URL: www.arte.tv/de/articles/eine-ehe-zum-kleinen-preis-1

135 Der Abschnitt zur Verantwortungsgemeinschaft findet sich im Koalitionsver-

trag der Ampelregierung auf Seite 80. URL: https://www.spd.de/fileadmin/Dokumente/Koalitionsvertrag/Koalitionsvertrag_2021-2025.pdf

136 Die Idee der Verantwortungsgemeinschaft, die im Koalitionsvertrag der Ampelregierung aufgenommen wurde, stammt vom FDP-Politiker Daniel Föst. Die FDP hat hierzu ein Stufenmodell vorgeschlagen. Wie das Gesetz zur Verantwortungsgemeinschaft konkret aussehen soll, ist zum Zeitpunkt dieser Manuskripterstellung noch nicht ersichtlich. Vgl. zum Vorschlag der FDP: Rietz, Christina (2022): Daniel Föst: Verliebt, verlobt, Verantwortungsgemeinschaft. In: Zeit Online. URL: www.zeit.de/2022/18/daniel-foest-fdp-familienrecht

137 Deutscher Bundestag (2022): Geplante Verantwortungsgemeinschaft stößt auf Kritik. URL: www.bundestag.de/dokumente/textarchiv/2022/kw02-de-familie-874494

138 Vgl. Menkens, Sabine (2022): »Verantwortungsgemeinschaft«. Fast wie Familie – So sollen Freunde und Mitbewohner neue Rechte bekommen. URL: www.welt.de/politik/deutschland/article236791619/Verantwortungsgemeinschaft-So-sollen-Freunde-neue-Rechte-bekommen.html

139 Vgl. Arte (2019): Eine Ehe zum kleinen Preis: Der PACS feiert Geburtstag und große Erfolge. URL: www.arte.tv/de/articles/eine-ehe-zum-kleinen-preis-1

140 Vgl. Deutscher Bundestag (2020): Drucksache 19/16454: Selbstbestimmte Lebensentwürfe stärken – Verantwortungsgemeinschaft einführen. URL: https://dserver.bundestag.de/btd/19/164/1916454.pdf

141 hooks, bell (2022): lieben lernen. Alles über Verbundenheit. Hamburg: HarperCollins, S. 300.

142 Ebd.: S. 299.

© Roger Buer

Andrea Newerla ist promovierte Soziologin und forschte zuletzt als Senior Scientist an der Paris Lodron Universität Salzburg zu Intimitäten, Onlinedating und Beziehungsmustern jenseits heteronormativer Standards. Ihre Forschungserkenntnisse dienen als Ausgangsfragen einer neuen Perspektive auf unsere intimen Beziehungen und bieten die Grundlage der Betrachtung sich wandelnder gesellschaftlicher Verbindlichkeiten für ihr Buch. andrea-newerla.de

FSC www.fsc.org MIX Papier | Fördert gute Waldnutzung FSC® C014496

Penguin Random House Verlagsgruppe FSC® N001967

2. Auflage 2023

Umschlag: zero-media.net, München
Umschlagmotiv: FinePic®, München
Satz: Buch-Werkstatt GmbH, Bad Aibling
Druck und Bindung: GGP Media GmbH, Pößneck
Printed in Germany
ISBN 978-3-466-37300-0
www.koesel.de